주식투자 1년차 교과서

왜 스스로 투자해야 하는지 명확히 알자

주식투자 1년차 교과서

왜 스스로 투자해야 하는지 명확히 알자

다카하시 요시유키 **지음**
이정미 **옮김**

지**Jisangsa**
상사

들어가며

진짜 투자의 세계에 오신 것을 환영합니다.

이 책을 집어 들어 주셔서 정말 고맙습니다. 아마 서점에서 또는 이미 이 책을 구입했다면 집이나 귀갓길 지하철 안에서 방금 펼치셨을 것입니다. 이 책을 읽을 가치가 있는지 살펴보시는 중이겠지요. 천천히 살펴보십시오. 이제부터 거기에 필요한 이야기를 하겠습니다.

누가 어떤 내용을 썼는가

이 책은 12만 명이 거쳐 간, 도쿄 신주쿠를 거점으로 삼은 투자 교육 학원 '투자학교'의 창립자인 저, 다카하시 요시유키가 썼습니다. 이 학원의 강사들은 주로 금융의 세계에서 활약하는 현역 프로투자자입니다. 강사들의 투자 방법과 사고방식을 수업으로 만들고, 그것을 대면 강의와 온라인 강의로 제공하고 있습니다. 강의 수는 100개를 넘었으며, 그중에서도 투자의 달인들이 공통으로 이야기한 내용, 어떤 시황에나 통용되는 중요한 내용을 한 권으로 정리한 것이 이 책입니다. 아주 효율적으로 공부할 수 있습니다.

투자에 성공하지 못하는 것은 지식이나 경험이 아니라 기술이 없기 때문

이 책은 주식투자를 하는 분들, 외환차익거래를 하는 분들, 선물 거래를 하는 분들 모두에게 공통으로 중요한 내용을 다루고 있지만 '투자정보'는 아닙니다. 지식과 경험은 물론 많을수록 좋지만, 이 책에서는 이익과 직결되는 '사고방식' '투자자의 자세' '투자의 기술'로 논점을 좁힐 것입니다. 이 책을 읽고 나면 이해하게 되겠지만 투자는 '예상'으로 하는 것도 아니고 '도박'도 아닙니다. 엄연한 대처법이 있고, 훈련으로 연마하는 '기술'로 실시하는 것입니다. 투자는 스포츠가 아니므로 체력 면의 제한도 없고, 다른 일처럼 시간이나 장소의 제한도 기본적으로는 없습니다. 이 책은 제대로 보급되지 않은 올바른 투자 기술을 알리기 위한 것입니다.

'잘 안다'와 '잘한다'는 완전히 다르다. 잘해야 가치가 있다

오랫동안 투자를 해온 사람 중에는 지식이 풍부한 사람들이 있습니다. 그러나 아쉽게도 지식이 풍부한 것과 투자에 성공하는 것은 서로 다른 이야기입니다. 투자에서는 '잘 안다'와 '잘한다' 사이에 높은 벽이 있습니다. 이 책에서는 독자 여러분이 '잘할' 수 있도록, 풍부한 사례를 소개하는 등 노력하고 있습니다.

투자를 잘한다는 것은 큰 이점

노후 생활과 종신고용의 붕괴 등 다양한 불안이 생겨났습니다.

다가오는 시대에는 한 사람 한 사람이 스스로 지식을 갖추고 강한 의지로 자기 자신을 지켜야 할 것입니다. 기술이 동반되지 않는 수입이나 부정한 수입처럼 어쩌다 생긴 돈은 쉽게 잃고 맙니다. 기술을 확실하게 익히고 그것을 기반으로 번 수입은 쉽게 없어지지 않습니다. 독자 여러분께 투자를 통해 쉽게 없어지지 않는 '견실한 수입원'을 만드는 방법을 알려 드리겠습니다.

특히 이 책에서 소개할 투자의 사고방식과 실천 방법, 투자자로서 지녀야 할 자세는 앞으로 오랫동안 활용할 수 있는 진짜 프로 투자자들 다수가 공통으로 중시하는 요소입니다. 시간, 장소, 나이, 성별 등에 좌우되지 않고 작은 자금에서 시작하는 방법을 소개하겠습니다.

스스로 투자하고 스스로 재산을 운용하는 자세를 갖추면 머릿속에 경험과 노하우가 축적됩니다. 또 세상의 흐름과 경제의 동향을 파악할 수 있게 됩니다. 지금 세상을 살아나가는 데에 필요한 이점을 가져다주는 것입니다. 이 책이 그 길잡이가 될 것입니다. 자, 진짜 투자 공부를 시작해 봅시다.

수강생들의 목소리

다카하시 씨의 강의는 정말 좋은 공부가 됩니다. 몇 번이고 반복해서 듣고 있습니다.

바빠서 시간이 나지 않을 때 의욕이 꺾이는 마음도 덕분에 사라졌습니다.

고맙습니다.

《40대 남성》

귀중한 정보를 무료로도 제공해 주다니 정말 놀랍습니다.

고맙습니다.

강의를 듣고 불안이 자신감으로 바뀐 기분이 듭니다.

《40대 남성》

주식투자 초보자입니다.

남들이 추천하는 종목을 덮어놓고 사는 것이 아니라 스스로 확실히 알아보고 사는 일의 중요성을 다시 한번 느꼈습니다.

투자의 원점을 배운 느낌이 들어 초보자로서 고마웠습니다.

《50대 남성》

주식투자 초보인데도 이해할 수 있는 부분이 많아서 좋았습니다.

스스로 생각하며 투자할 수 있도록 앞으로 공부해 나가고 싶습니다.

《30대 여성》

완전한 투자 초보입니다.

우선 주식부터 공부해 보자는 생각으로 서점에서 주식 관련 책을 이것저것 샀습니다.

그러다 이 책에 순식간에 빠져들어, 곧바로 검색해서 투자학교의 동영상을 집중해서 몇 번이고 봤습니다!

이해하기 아주 쉬워서 넋을 놓고 보게 됩니다.

다른 여러 학원의 동영상도 봤지만 이해하기 어렵거나 수상쩍은 내용이어서 불안했습니다. 그러나 투자학교의 강의는 그렇지 않아서 **안심하고 공부할 수 있었습니다.**

고맙습니다!

《30대 여성》

주식투자를 시작하겠다고 결심한 것은 좋았는데, 대체 어디서부터 시작해야 할지 몰라서 우선 책을 잔뜩 샀습니다. 그러나 와 닿는 책이 없었습니다. 그때 투자학교를 만났습니다.

앞으로가 기대됩니다.

배울 내용이 많은데, 강의를 들으면서 설레기 시작했습니다.

앞서가는 마음을 억누르며 제대로 배워 보고 싶습니다.

《50대 남성》

단편적인 지식밖에 없어서 체계적인 내용을 공부하고 싶었습니다.

멋진 내용입니다.

《30대 여성》

초보자도 이해하기 아주 쉬운데다가, 저자분이 자신의 일을 **즐기는 것 같아서**

저도 즐겁게 배우고 싶은 기분이 듭니다.

《40대 남성》

투자학교를 만난 후로 **추천 종목을 있는 그대로 믿거나 가격 변동만 보고 달려드는 단순한 방법은 나름대로 생각해서 근거를 명확히 하는 과정이 없기 때문에 저 자신의 것이 되지 않는다는 사실을 다시 확인했습니다.**
과거에 그런 경험이 있었기 때문에 앞으로 같은 실수를 하지 않도록 노력하겠습니다.

《50대 남성》

투자학교의 수업은 이해하기 쉽고 논리적이어서 받아들이기 수월했습니다. 투자의 정석이라고 생각합니다. 앞으로는 설령 손절하게 되더라도 상황을 납득할 수 있을 것 같습니다. 예전에는 저렴한 주식투자라는 명목으로 주가가 오르지 않는 종목만 골랐습니다. 여기서 배운 방법을 잘 익혀서 주식투자를 즐겨 보고 싶습니다.
고맙습니다.

《30대 여성》

궁금한 점을 총망라해서, 평생 활용할 수 있는 기술을 가르쳐 주는 곳이라고 생각합니다.
좋은 인연을 맺어서 기쁩니다.

《50대 남성》

돈이나 투자에 대한 교육이 전무하고 가정에서 근거 없는 가치관(노동 외의 방법으로 수입을 얻는 일은 나쁘다)을 주입받는 일본의 개탄스러운 현실을 새삼 깨달았습니다. **투자학교가 최고의 투자 교육을 보급해 나가기를 기원합니다.**

《40대 남성》

투자학교의 강의는 정말로 간결하고 이해하기 쉬워서 머리에 쏙쏙 들어옵니다. 공부를 더 빨리 시작했다면 좋았겠지만, 이제라도 만난 것을 기회라고 생각하며 인생의 흐름을 바꾸기 위해 노력하고 싶습니다.

《40대 여성》

투자학교의 동영상은 제가 예전에 구입한 외환 거래 교재와는 다르게 거창한 표현이나 '반드시 돈을 번다!'라는 표현이 없고, 아주 평범한 말을 사용합니다. 그 부분이 신뢰가 가서 끝까지 공부하고 싶습니다. 잘 부탁드립니다.

《30대 남성》

주식으로 돈을 버는 노하우보다 주식의 기초가 되는 내용을 즐겁게 공부할 수 있었던 점이 가장 좋았습니다.

《30대 남성》

차례

C O N T E N T S

SECTION 1
주식투자 1년차부터 투자자의 자세로 임하기 위한 6가지 법칙

SECTION 2 주식투자 1년차부터 '안정 투자자'가 되기 위한 5가지 법칙

SECTION 3 주식투자 1년차부터 수익을 내기 위한 9가지 법칙

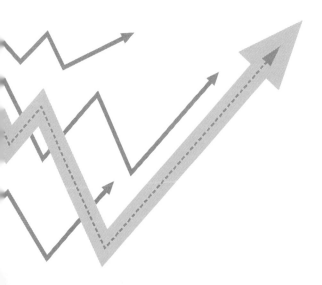

SECTION 4

주식투자 1년차부터 큰 손해를 보지 않기 위한 8가지 법칙

SECTION 5

주식투자 1년차부터 알아 두면 좋은 장세의 원리 5가지

주식투자 1년차부터
투자자의 자세로 임하기 위한
6가지 법칙

이 장에서는 하루라도 빨리 주식투자로 성공하고 싶은 사람들을 위해,
그 마음가짐에 필요한 여섯 가지 항목을 소개하겠다.
우선 이 여섯 가지를 익히고 투자자의 자세를 갖출 필요가 있다.
안정되게 수익을 올리는 투자자로서 첫걸음을 떼기 위한 기초 지식이다.

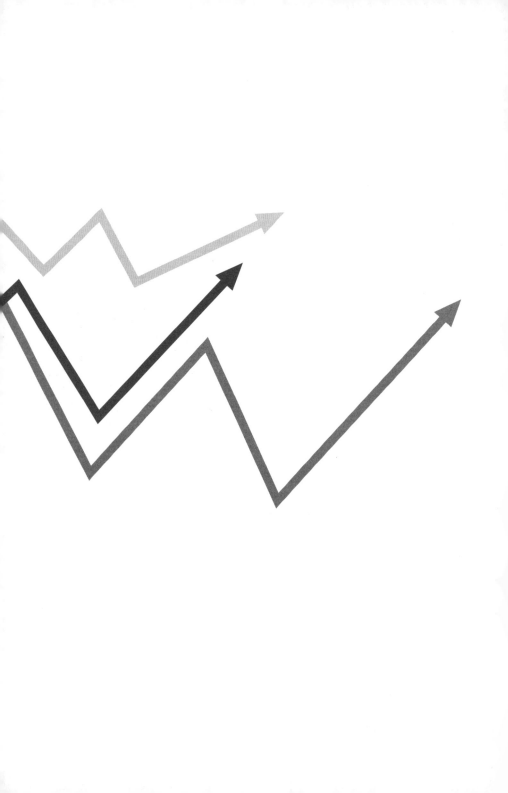

왜 스스로 투자해야 하는지 명확히 하자

---------------------------------- 이 항목의 3가지 핵심

1 앞으로는 수입을 늘릴 새로운 활동이 필요하다.
2 부업 중에서도 '투자'를 고려해야 하는 이유다.
3 투자를 통해 자립을 향한 종합적 교양을 쌓을 수 있다.

현실적인 이야기를 해 보자. **현재 생활을 유지하는 데에 가장 중요한 것은 무엇일까? 바로 '들어오는 돈'과 '나가는 돈'의 균형이다.**

이미 많은 사람이 매달 생활비가 적자인 상황에 빠져 있다. 보너스가 들어오면 저금해 두거나 그달의 적자를 메우는 데에 쓰는 가정이 실제로 많으며, 그것이 점점 평균적인 가정이 되고 있다.

대부분은 매달 확실하게 돈을 벌기 위해 회사에 다닌다는 선택을 한다. 지금 시대에는 다니는 회사가 언제까지나 안전할 것이라는 보장이 없다. 5년 후의 미래마저 예측할 수 없는 시대가 이미

찾아왔는데, 그래도 회사에 다니면 당장 생활비를 벌 수 있기 때문에 다들 그렇게 하고 있다.

그러나 생각해 보자. 오로지 생활비를 벌기 위해서 일한다면 시간이 아무리 지나도 상황은 달라지지 않는다. **그러므로 많은 사람이 현재의 생활을 유지하면서도 수입과 저축을 늘리기 위한 활동을 시작할 필요가 있다.**

회사에 다니는 것 외의 방법으로 돈을 버는 선택지는 다양하다. 요즘은 근무 시간 후에 부업을 하는 회사원도 많이 증가하고 있다. 부업의 내용은 인터넷 쇼핑몰, 재판매 등 다양하다.

투자도 하나의 '부업'이라고 생각할 수 있을 것이다. 그러나 수많은 부업 중 왜 투자를 선택하는지 명확히 해 두는 일이 우선 중요하다.

투자는 스스로 할 수 있다. 타인에게 맡길 수도 있지만, 앞으로 다가올 시대에는 나이나 성별, 경험을 불문하고 스스로 '언제 사야 한다' '언제 팔아야 한다'는 지식을 갖추는 일이 중요하다.

스스로 투자하는 능력을 갖추는 일은 왜 중요할까? 첫째는 '돈을 써서 돈을 번다'는 수입 유형이 이제부터 다가올 시대에 적합할 것이기 때문이다. 앞으로는 장수 시대가 될 것이므로 근로 수입만으로는 한계가 있다. 건강만의 문제는 아니다. 근로 환경도 앞으로 크게 달라질 것이다. 그런 상황에서 **자신의 머릿속에 축적된 경험과 지식 자체**

가 돈이 되는 것이 곧 투자를 통한 금융 수입이며, 그러한 유형의 수입원을 가지면 크게 안심할 수 있다.

또 한 가지, 스스로 투자함으로써 세상에 어떻게 돌아가는지 알게 된다. 물론 처음부터 모든 것을 알게 된다고 할 수는 없다. 그러나 투자에서는 정치, 경제, 해외 등 세상의 동향이 자신의 수입과 직결되는 경우도 많으므로 최소한 관심을 가질 이유가 생긴다. 세상이 어떻게 움직이는지 남들이 쓴 기사로 판단하는 것이 아니라 **사실을 바탕으로 직접 판단하는 힘을 기르는 '자립을 향한 종합적 교양'도, 투자함으로써 익힐 수 있다.**

투자의 본질은 '쌀 때 사고 비쌀 때 판다'다. 주문할 타이밍과 주문해서는 안 되는 타이밍을 확실히 알고, 보유할 때와 놓아 줄 때를 확실히 아는 것이 이제부터 해야 할 일이다. 결코 주식 대박이나 일확천금을 목적으로 삼는 것이 아니라, 안정된 이익을 축적해 나가면서 '언제 살 것인가' '왜 사야 하는가' '언제까지 보유할 것인가'를 결정해 나가는 것이다.

투자는 오직 돈을 위한 수단이 아니다. 한 치 앞을 예상할 수 없는 시대에 자립해서 걸어 나가기 위한 교양을 가져다주는 누구에게나 공평하게 주어진 멋진 기회다. **올바른 투자 교육이 널리 퍼져나가기를 기원하며, 투자로 안정된 수익을 올리기 위해 반드시 알아둬야 할 것들을 살펴보겠다.**

"1-2"
완벽한 투자 방법은 없다는 사실을 알아두자

이 항목의 3가지 핵심

1 완벽한 투자 방법은 존재하지 않는다.
2 수상한 투자 상품이나 방법에 속는 뇌 구조.
3 투자에 계속 성공하기 위해서는 적절한 대처가 필요.

단도직입적으로 말하자면 100% 성공하는 투자 방법은 없다. 그런데 100% 성공하는 방법이 존재한다고 잘못 생각하는 사람들이 많은 듯하다.

투자에 관심을 가지고 인터넷과 책으로 투자에 대해 알아보다 보면 마치 100% 성공하는 듯한 투자 운용법과 성공 경험담이 넘쳐난다. 트위터 등 SNS에서도 마치 쉽게 수익을 올린 듯 오해를 부르는 게시물들이 많다.

투자로 돈을 버는 일은 육체적으로는 아주 편안하다. 컴퓨터 마우스를 몇 번 클릭하기만 하면 돈이 생긴다. 물론 안정된 수익을 위해서는 상당히 머리를 써야 하기 때문에 피곤하다. 그러나 충분한 지식을 얻고 나면 증권회사의 관리 화면에 로그인해서 웹사이트 몇 개를 보며 클릭만 하면 된다.

프로투자자, 개인투자자, 취미로 주식을 사는 주부 모두 육체적인 면에서 편안하게 참여할 수 있는 것이, 인터넷이 발달한 현대의 투자 세계다.

인터넷 덕분에 100만 원 이하의 적은 자금으로도 마음 편하게 투자할 수 있게 되고, 취업이나 돈에 대한 불안을 해결하고자 하는 사람들이 늘어나면서 투자에 관심을 가지는 사람들이 매년 늘어나고 있다. 그리고 이런 사람들을 먹잇감으로 삼는 사기성 짙은 업자들도 늘어나고 있다. 이런 업자들은 확실하게, 게다가 몇십 배나 몇백 배의 돈을 벌 수 있다는 매력적인 광고 문구로 유혹한다. 그러나 투자의 세계에 100% 확실하게 수익을 올리는 방법은 없다는 사실을 이해해야 한다.

인간은 기본적으로 편하게 돈을 벌고자 하는 욕구가 있기에, 그런 방법에 자신도 모르게 달려들기 쉽다. **투자를 잘 모르기 때문에 투자를 잘 아는 것처럼 보이는 타인에게 모두 맡겨 버리고 싶은 마음은 이해되지만, '편하게 돈을 버는 방법이 있다'는 말 자체가 현혹을 위한 광고 문구인 것이다.**

넓은 투자의 세계에서 남들 모르게 승률 100%로 수익을 올려 나가는 투자자도 있을지 모른다. 그러나 필자의 주변에는 뉴욕, 런던, 도쿄라는 세계 3대 금융시장에서 30년 가까이 세계 최고 수준으로 활동한 전직 프로 딜러들이 있다. 또 경력이 30년, 40년인 프로투자자들도 있다. 이 사람들이 입을 모아 단언한다. '투자에서 100% 성공하는 일은 없다.'

인간은 손해를 보는 일을 아주 싫어한다. 인간의 뇌는 손해를 보기보다, 적더라도 확실한 이익을 보는 선택지를 고르도록 작동한다. 이 사실을 실감할 수 있도록 게임을 한 가지 해 보자. **인간의 뇌는 합리적인 판단을 할 수 없음을 보여주는 게임이다.**

다음과 같은 두 개의 선택지가 있다고 하자. 첫 번째 선택지는 동전을 한 번 던져서 앞면이 나오면 1,000만 원을 따고 뒷면이 나오면 500만 원을 잃는 것이다. 아무런 속임수도 없고, 앞면이 나올 확률과 뒷면이 나올 확률은 모두 2분의 1이다. 두 번째 선택지는 동전을 던지지 않고 그냥 200만 원을 받는 것이다.

이 질문을 하면 다수의 사람이 그냥 200만 원을 확실히 받는 쪽을 택한다. 그러나 이것은 합리적인 판단이라고 할 수 없다. 중학교 수학에서 기댓값이라는 개념을 배웠을 것이다. 기댓값이란 추첨이나 게임을 할 때 평균적으로 얼마나 이익을 얻을 수 있는지를 나타내는 수치다. 동전 던지기의 예에 적용하면 1,000만 원을 얻을 확률이 선택① 동전을 던져서……

동전의 **앞면**이 나오면 → **1,000만 원을 딴다**
동전의 **뒷면**이 나오면 → **500만 원을 잃는다**

동전을 던져야 평균 이익이 더 크다
《기댓값》(1,000만 원 × $\frac{1}{2}$) - (500만 원 × $\frac{1}{2}$) = 250만 원

선택② 동전을 던질 필요 없이…

무조건 200만 원을 받는다

다수의 사람이 이쪽을 택한다

2분의 1, 500만 원을 잃을 확률도 2분의 1이므로 (1,000만 원 × $\frac{1}{2}$) - (500만 원 × $\frac{1}{2}$) = 250만 원이다. 따라서 동전을 던질 때의 평균적인 이익이 더 큰 것이다.

여기서 기억해야 할 점은 인간은 설령 합리적인 선택지가 눈앞에 있더라도 리스크를 감수하지 않고 확실하게 이익을 얻을 수 있는 선택지를 고르고 만다는 것이다. 이 사실은 행동경제학이라는 학문에서 실증적으로 증명했다. 이것을 역으로 이용해서 '확실하게 돈을 벌 수 있다' '원금 보장' '가장 리스크가 없는 방법' '이렇게 하지 않으면 손해'라는 영업이 세상에 넘쳐난다. 독자 여러분은 속지 않기를 바란다.

이처럼 인간은 '손해 보기 싫다' '편하게 돈을 벌고 싶다'고 보통 생각하며, 손해 보지 않고 확실하게 돈을 버는 방법, 게다가 다른 사람에게 모두 맡기는 투자 방법에 매력을 느끼는 생물이다. **그렇기에 어디에도 존재하지 않는 완벽한 투자 방법이나 도구, 자산을 대신 운용해 줄 '만난 적도 없는 누군가'를 찾는 여행에 나서고 마는 것이다.**

투자는 자동차 운전과도 비슷하다. 운전을 하기 위해서는 운전학원에서 지식을 배워야 할 뿐 아니라, 실제 도로에서 운전 연습을 하며 기술을 몸에 익혀야 한다. 지식과 기술이 충분하다는 인정을 받아야 비로소 면허를 딸 수 있다.

그래도 교통사고는 매년 수없이 일어난다. 무면허 운전으로 사고를 내는 사람도 있지만, 대부분은 면허가 있는 사람이다. 면허와 충분한 기술을 갖춰도, 술을 마시고 운전하면 사고 날 확률이 크게 높아진다. 표지판과 신호대로 운전해도 갑자기 어린아이가 차 앞으로 뛰어나오는 일이 일어날 수도 있다.

투자의 세계에서도 마찬가지다. 충분한 지식과 경험이 있어도 거기에 비례해서 충분히 돈을 번다는 보장은 없다. 운전할 때 종합적으로 상황을 판단하여 사고가 일어나지 않도록 주의하는 자세가 중요하듯, 투자를 할 때도 마찬가지로 종합적으로 상황을 판단하면서 큰 손실을 보지 않도록 주의하며 거래하는 일이 중요하다.

"1-3"
투자에서
큰 손해를 보는 이유를 알아두자

이 항목의 3가지 핵심

1 한 번 손해를 보고 나면 회복은 상당히 어렵다.
2 큰 손해에도 뇌의 메커니즘이 관련되어 있다.
3 불합리함에 좌우되지 않는 기술과 규칙을 익히자.

투자자의 80~90퍼센트는 손해를 본다는 이야기가 있다. 그중에는 약간의 손해에 그치는 사람도 있고 큰 손해를 보는 사람도 있다.

투자로 돈을 벌려면 투자 자금이 필요하다. 투자 자금은 많아도 좋고 100만 원 정도에서 시작해도 좋은데, 근로 수입과 다른 부분이 한 가지 있다. **'투자 자금의 규모가 수입과 직결된다'라는 점이다.**

근로 수입의 경우 계속 일하면 몇 번이고 봉급을 받을 수 있다. 그러나 투자의 세계에서는 투자 자금이 돈벌이의 원천이므로, 큰 손실로 자금을 운용할 수 없게 되거나 폭락한 주식을 계속 끌어안고 있게 되면 투자 수입을 얻을 기회가 사라진다. 한 번 큰 손해를 보면 그 뒤에 회복하기가 상당히 어려운 것이다.

투자 자금의 규모에 따라 달라지기는 하지만 스스로 투자를 할 수 있게 되면 연간 20%, 30%, 나아가 그 이상의 수익률을 기록하는 일이 가능하다. 가령 연 20%를 안정되게 버는 운용 능력이 있다고 하자. 투자 자금이 1억 원이면 이익이 2천만 원인데, 무언가 잘못해서 4천만 원 손해를 봤다면 투자 자금이 6천만 원으로 줄어들고 만다. 그렇게 되면 연 20%로 운용했을 때 이익이 1천 2백만 원으로 줄어든다.

연 20%의 운용 기술을 갖춰도 투자 자금을 6천만 원에서 1억 원으로 복구하는 데에는 몇 년이 걸린다. 반면 손실을 입는 것은 한순간이다. 그러므로 큰 손실을 막기 위해 주의하며 투자할 수밖에 없다. 투자에서는 돈을 버는 일 이상으로 돈을 지키는 일이 중요한 것이다.

그러므로 투자를 시작하기 전에 투자에서 큰 손해를 보게 되는 이유를 이해하고 넘어가는 일이 매우 중요하다. 큰 손해를 보는 이유는 한마디로 돈을 버는 일에만 정신이 팔려서 리스크 관리와 자금 관리에 대한 지식을 충분히 갖추지 않은 것이다.

그러나 리스크 관리와 투자 관리를 충분히 공부했음에도 큰 손실을 입는 투자자들도 많이 있다. 해서는 안 되는 일이나 전혀 합리적이지 않은 일을 해서 손실이 반복되기 때문인데, 인간에게 비합리적인 행동을 하는 특성이 존재하는 것이 그 원인이다.

손실을 메우려는 마음이 강해서 또다시 합리적인 판단을 내리지 못하는 것이다. 도박에서 돈을 잃었을 때 그 손해를 회복하기 위해 돈을 쏟아붓는 사람이 많은 것도 같은 이유에서다. 그리고 최종적으로는 더 큰 손해를 본다.

인간의 이러한 특성은 전망 이론으로 증명되었다.

까다로운 설명은 그만두고 게임으로 예를 들어 살펴보겠다. 동전을 한 번 던져서 앞면이 나오면 1,000만 원을 따고 뒷면이 나오면 500만 원을 잃는 게임을 앞에서 소개했다. 이때 기댓값은 250만 원이다.

이 게임에 참가하는 것과 조건 없이 200만 원을 받는 것 중 무엇을 선택할지 물었을 때, 대다수 사람이 200만 원을 받는 쪽을 택하겠다고 대답했다. 게임의 기댓값은 250만 원이므로, 많은 사람이 합리적이라고 할 수 없는 판단을 내리는 것이다.

이것은 실험으로 증명된 사실이다. 인간에게는 합리적인 판단보다 리스크 회피를 우선시하는 특성이 있다.

인간은 손해를 본 상황에서 올바른 판단을 내리지 못한다는 사실을 이제부터 설명하겠다. 앞의 게임에서 운 나쁘게 뒷면이 나와 500만

게임에서 500만 원을 잃었다는 전제로…

> **선택① 룰렛을 돌린다**
>
> 　　　승리 → 1,000만 원을 받는다(승리할 확률 30%)
>
> 　　　패배 → 300만 원을 잃는다(패배할 확률 70%)

《기댓값》 1,000만 원 × 0.3 - 300만 원 × 0.7 = 90만 원

> **선택② 룰렛을 돌리지 않고 100만 원을 받는다**

《기댓값》 = 100만 원

어째서인지 룰렛을 돌리는 사람이 더 많다

> **[전망 이론]** 손해를 보면 만회하고 싶어지는 심리, 불리한 상황 속 의사결정의 특성에 대한 이론

원을 잃었다고 하자. 그 후 주최자가 새로운 게임을 제안했다. 손실을 만회하기 위해 룰렛을 돌리라는 것이다.

　이 룰렛은 붉은 칸이 30%, 검은 칸이 70%인 특수한 룰렛이다. 구슬이 붉은 칸에 들어가면 1,000만 원을 딴다. 그러나 검은 칸에 들어가면 300만 원을 잃는다. 다만 게임에 참가하지 않으면 100만 원을 그냥 준다.

　앞의 방법으로 룰렛을 돌릴 때의 기댓값을 계산하면 1,000만 원

× 0.3 - 300만 원 × 0.7 = 90만 원이다. 룰렛을 돌리지 않고 100만 원을 받는 것이 10만 원이 나마 더 이득인 것이다. 그러나 룰렛을 돌리기로 선택하는 사람이 더 많다.

투자에서 큰 손실을 입는 일도 똑같은 메커니즘으로 설명할 수 있다. 투자에서 승리하는 기본은 이익을 늘리고 손실을 최소화하는 일이다. 게임의 예에 적용하면 동전을 던질 때는 참가하고, 룰렛을 돌릴 때는 참가하지 않는다는 합리적 판단을 이어 나가는 것이다. 그러나 많은 사람들은 손실이 발생하면 룰렛에 참가한다.

손해를 확정 짓고 싶지 않다는 마음도 있다. 주가가 떨어진 주식을 계속 가지고 있으면 언젠가는 이익이 될 것이라는 비합리적인 기대를 해서, 손절해야 할 시점에 질질 끄는 것이다.
이렇게 무심코 불합리한 판단을 내리는 인간의 특성(전망 이론)을 잘 이해하고, 확실하며 합리적인 규칙이 뒷받침하는 투자 기술을 익혀야 한다는 사실을 기억하자. 운이나 감이나 감정에 맡기는 투자, 타인에게 맡기는 투자는 언젠가 반드시 큰 손실로 이어진다.

"1-4"
가족에게 투자의
의의를 이해시키자

────────────── **이 항목의 3가지 핵심**

1 투자를 한다는 사실을 가족도 이해해 주면 좋다.
2 가족이 반대하는 흔한 이유.
3 가족이 수긍할 수 있는 합리적인 설명.

직접 투자를 할 때 '투자를 하는 의의'를 가족도 이해해 주는 것이 중요하다.

한 번 한 번의 투자를 100% 성공시키는 방법은 없다고 말했다. 투자를 하면 이익을 얻을 때도 있고 손해를 볼 때도 있다. 손실이 생겼을 때 가족에게 설명하지 못한다는 투자자들이 있다.

집의 재산을 잃어서 가족에게 비난을 당하거나, 가족에게 밝힐 수 없는 부업처럼 투자를 하며 '무언가 나쁜 일을 하고 있다'는 기분을 느끼는 사람들이 많다. 가족이 '돈벌이' 자체를 싫어한다는 투자자, 투자를 하고 있다는 말을 남들에게 죽어도 못하겠다는 투자자도 많다.

그러나 투자는 어엿한 경제 활동이다. 투기 같은 투자(매매 이익만을 노리는 거래)인 경우라도, 미래가 불안한 사람들에게는 경제적으로 의지가 된다는 의미에서 훌륭한 수입원 후보다.

투자는 공부해야만 안정적으로 수익을 올릴 수 있다. 또 유감스럽게도 독학으로 수익을 내기 위해서는 상당히 고생해야 한다. 그래서 많은 투자자가 책을 읽거나, 세미나에 참여하거나, 강의를 들으면서 조금씩 이익을 늘려나간다.

최근에는 진짜 프로들에게 배우는 세미나와 강의, 동영상 등도 증가했다. 그러나 주말에 세미나를 위해 외출하거나, 세미나 참가비를 위해 집안의 돈을 쓰는 등 **'투자 이전에 투자를 공부하는 일'에도 돈이 든다.**

가능하다면 공부에 돈을 들이고 싶지 않다는 마음은 이해할 수 있다. 그러나 운전과 마찬가지로 '배워야 할 지식'과 '실천으로 몸에 익혀야 할 기능'이 있기에 다소 수업료가 드는 것이다.

투자를 하는 데에도 돈이 들고 투자를 공부하는 데에도 돈이 든다. 그러나 투자로 수익을 올리는 기술을 익히면 그 이상으로 인생에 도움이 된다. 투자를 할 때는 어느 정도의 공부 기간이 있고, 실습 기간이 있고, 때로 손해를 보기도 한다. 그러나 전체적으로 보면 투자하는 인생과 투자하지 않는 인생을 비교할 때, 투자하는 인생이 훨씬 더 풍요롭다고 보는 일도 현실적으로 가능하다. 우리나라에서는 비상식적이라고 여겨질지도 모르지만 외국에서는 '돈으로 돈을 불리는 방법을 모든 사람이 배워야 한다'를 인생을 살아나가는 데에서 상식적인 일로 간주한다.

그러므로 투자에서 성공하는 기술을 앞으로 진지하게 익히고 싶다면 가족의 동의는 필수다. 가족이 투자를 반대하는 경우는 어디에나 있는데, 대부분 두 종류로 나뉜다.

첫째는 '손해를 볼 가능성이 있으니 안 된다'는 경우다. 손해를 본다는 것은 돈을 잃는다는 뜻이다. **투자로 이익을 얻는 사람들은 수익을 내는 일과 손실을 입는 일을 반복하면서 전체적으로 볼 때 안정되게 이익을 본다.** 그러나 직장에 다니면 스스로 돈을 쓰지 않는 한 돈을 잃을 일이 없다. 예금이 늘었다 줄었다 하면서 전체적으로는 점점 증가하는 경험을 하는 사람이 직장인 중에는 거의 없는 것이다.

반면 회사를 경영하거나 자영업을 하는 경우는 이야기가 다르다. 창업 시에는 반드시 자신의 예금을 자본금으로 사용하고, 그 자본금으로 상품을 들여놓고, 그 상품으로 매출을 올리고 이익을 얻어 그 돈을 가져가는 일이 당연하다. 투자도 이것과 비슷하다.

독립하거나 창업을 할 때 실패해서 돈을 잃을 가능성이 있다는 이유로 가족이 반대하는 경우가 많다는 점도 비슷하다.

그러나 앞으로 직장에 다니는 일이 그렇게 안정적일지는 알 수 없다. 새로운 시대의 선택지 중 하나로 투자는 아주 효과적이다. 당장 손해를 볼 가능성이 있기 때문에 투자를 하지 않는다는 것은 현명한 판단이라고 할 수 없다.

둘째는 '편하게 돈을 버는 것은 악, 땀 흘려 일하는 것이 선'이라는 사고방식이다.

열심히 착실하게 땀 흘려 일하는 것이 멋진 일이고, 투자로 돈을 버는 일은 바람직하지 않다는 생각을 가진 사람이 많다.

물론 일에 대한 가치관은 사람마다 다르다. 일률적으로 무엇이 옳다고는 할 수 없다. 그러나 고령화가 점점 가속되는 사회에서는 개인이 내는 세금이 점점 증가할 것으로 예측된다. 벌써부터 급여에서 많은 돈이 빠져나가는데, 앞으로 실수령액은 더욱 적어질지 모른다.

납세는 국민의 의무지만 **현행 법률에서 주식투자나 외환차익거래는 수익이 얼마든 일률적으로 약 20%의 세금만 내면 된다.** 반면 급여나 사업 수입은 누진세이기 때문에 벌면 벌수록 세금을 더 많이 내야 한다. **참고로 똑같은 투자라도 가상화폐나 해외 투자, 프로에게**

운영을 맡기는 펀드 등의 운용은 기타 소득이기 때문에 종합과세에서 누진세의 대상이 되므로 주의해야 한다.

요즘 사회에 공평하게 열린 장에서 지식을 제대로 쌓고 그 지식을 활용함으로써 돈을 버는 일이 가능한 분야는 필자가 아는 한 투자 외에는 없다. 투자를 파고드는 일은 아주 보람 있는 목표라고 생각한다.

그 목표를 달성하는 데는 오랜 시간이 걸린다. 그동안 계속해 나가기 위해서는 가족의 이해가 매우 중요하다.

"1-5"
비즈니스로써
투자에 임하자

이 항목의 3가지 핵심

1 투자는 쇼핑이 아니라 비즈니스다.
2 우선은 안정적인 이익을 기대할 수 있는 규칙을 만든다.
3 규칙을 만들고 나면 담담히 그 규칙을 지킨다.

투자를 미래 예상 게임 또는 필승법이 있고 그대로 하면 쉽게 이길 수 있는 도박으로 생각하는 사람들이 많지만 그것은 오해다. 최근에는 스마트폰 앱 등 쉽게 자산을 운용할 수 있는 서비스가 늘어나고 있다.

스마트폰으로 물건을 사는 일도 당연해진 요즘 시대에는 원클릭으로 자산 운용을 시작할 수 있다는 사실도 당연해졌다. 그러나 이런 '쉽게 할 수 있는 환경으로의 변화'가 '투자는 쉽게 돈을 버는 일'이라는 오해를 낳는 원인 중 하나일지 모른다.

쉽게 투자할 수 있는 시대를 낳은 테크놀로지의 변화는 멋지다. 그러나 그럴수록 더욱 잘 생각해 봐야 한다. **돈을 이용해서 돈을 늘리는 일의 본질을 이해하지 못한 채 마치 쇼핑하듯 돈을 쓰면 대부분은 손실이라는 결과로 이어진다.** 학교에서 돈이나 투자를 배우지 않기 때문에 투자로 건실하게 돈을 늘리기 위한 올바른 교양을 가진 사람이 거의 없다. 교양은 하루 만에 익힐 수 있는 것이 아니고, 교양을 익혔다고 해도 수익은 시장의 움직임에 좌우되므로 금방 막대한 이익을 얻을 수는 없다.

그러므로 투자 1년차인 투자자가 중시해야 할 마음가짐이 있다. 바로 비즈니스로써 투자에 임하는 것이다.

대부분의 투자자가 '무언가 좋은 정보를 얻으면 돈을 번다'는 오해를 하는데, 그런 꿈같은 정보는 없다. 계속해서 안정된 수익을 올리는 일이 목표라면 남들의 말을 무작정 들어서는 안 된다. **제대로 투자를 배우고 모범적인 행동을 반복하는 투자자만이 안정된 이익을 얻을 수 있다. 즉 투자도 하나의 비즈니스인 것이다.**

비즈니스에서는 가령 회사원이라면 반드시 회사의 규칙을 따라야 한다. 규칙 중에는 절대 어겨서는 안 되는 중요한 규칙도 있고, 중요하게 여겨지기는 하지만 사실 회사의 이익으로 직접 연결되지는 않는 규칙도 있을 것이다. 그러나 규칙이 회사에 필요한 것이라고 다들 생각하므로 기본적으로 사원들은 그 규칙을 지킨다.

규칙은 사원들을 불편하게 만들기도 하지만, 규칙이 있기에 예상치 못한 문제를 미연에 방지할 수도 있다. **투자자도 마찬가지다. 이익을 낳기 위한 규칙을 확실히 만들고, 그 규칙을 지키며 이익을 얻지 않으면 안정적인 이익은 좀처럼 실현하기 어렵다.**

아직 주식을 해 본 적이 없는 독자라면 넘어가도 되는 부분이지만, 가령 주식 종목을 고를 때에도 나름대로 종목 선정의 이유를 확실히 하는 일이 중요하다. JPX 닛케이 400이라는 종목 범주가 있다. 자본의 효율적 활용이나 주주를 존중하는 경영 등, 세계적인 투자 기준에 해당하는 요건들을 충족하는 '투자자가 볼 때 투자할 매력이 큰 회사' 400곳으로 이루어져 있다.

JPX 닛케이 400의 선정 방침에 동의한다면, 그 400곳 중에서 종목을 선정한다는 규칙을 세워도 좋을 것이다. 자신의 투자 자금으로 선택할 수 있는 종목을 압축한 후, 최근의 주가 동향을 보고 상승 경향으로 돌아설 듯한 종목이 있으면 그것을 산다는 규칙을 추가해도 좋다.

중요한 점은 비즈니스로써 자신이 정한 규칙을 지키는 일. 그리고 담담하게 그 규칙을 계속 따름으로써 이익을 축적해 나가는 일이다. 물론 규칙에 어느 정도의 근거가 있다는 것이 대전제지만, 어떤 때에는 규칙을 지키고 어떤 때에는 지키지 않는 투자를 계속하면 결국은 감정에 맡기는 도박이 되기 쉬우므로 안정되게 수익을 올릴 수 없다.

투자는 일해서 돈을 버는 것과는 달라서 시간과 장소 면에서 훨씬 더 자유롭다는 특징이 있다. 인터넷으로 쉽게 투자할 수 있는 시대가 되어 자산 운용을 쉽게 시작할 수 있게 되었지만, '편하게 돈을 벌기' 위해서는 비즈니스와 마찬가지로 '돈을 벌 수 있는 구조'를 미리 준비할 필요가 있다. **투자도 하나의 비즈니스이므로, 투자 1년차 투자자는 투자를 비즈니스로 생각하며 기초부터 공부하고, 최종적으로는 수입원을 구축해 나가겠다고 결심할 필요가 있다.**

"1-6"

투자 공부에는
끝이 없다는 사실을 안다

─────── 이 항목의 3가지 핵심

1 투자는 공평하게 주어진 최고의 수입원 후보다.
2 자신의 것이 된 투자 기술과 두뇌는 평생 간다.
3 투자에서도 항상 스스로를 갈고 닦는 의욕이 아주 중요하다.

투자는 전체적인 관점에서 승부가 결정된다. 야구에 비유할 수 있다.
야구는 한 회에 점수를 많이 낸다고 해서 승리하는 게임이 아니
다. 공격과 수비를 되풀이하고, 상대방이 어떻게 나오느냐에 따라
전술을 유연하게 바꾸며, 9회까지 맞붙어서 최종적인 점수가 높
은 팀이 이기는 게임이다. 게다가 상대방이 무수히 많으므로 상대
방에 따라 대처 방법을 바꿔야만 한다. 필승법은 없다. 자신의 팀
선수가 부상을 당해서 평소에 이용하던 전술을 이용하지 못하기
도 한다.

투자도 이것과 비슷하다. 장세를 움직이는 것은 기본적으로는 사람들이며, 사람에게는 감정이 있다. 단기적으로 장세를 움직일 수 있을 만큼 막대한 자금을 가진 기관투자자라도, 최종적으로 매매를 판단하는 주체는 사람이다.

장세는 그때그때 상황에 맞춰 다르게 대처할 필요가 있다. 프로라도 백전백승은 불가능하고 심지어 연패하기도 하지만, 프로들은 그럴 때 새로운 방법을 찾는다. 1년차 투자자에게는 어려운 이야기일지도 모르지만 **장세에는 반드시 상대방이 있다. 그리고 상황에 따라 상대방이 어떻게 나오느냐가 달라진다. 따라서 우리 투자자들의 배움에는 끝이 없다.** 계속해서 새로운 방법이 등장하기 때문이다. 상대방도 새로운 방법을 사용하며, 우리도 새로운 방법을 잘 구사할 필요가 있다.

오랫동안 투자 공부를 계속하면 투자자로서 성장해 승리할 확률이 높아진다. 그래도 한 번에 큰 손실을 입어 재기불능이 될 가능성이 언제나 존재하는 것이 투자의 세계다. **그러므로 투자자로서 오랫동안 안정되게 수익을 올리기 위해서는 자만은 금물이다. 자신은 투자자로서 아무리 해도 불완전하고 언제라도 손실을 볼 가능성이 있다는 마음의 준비를 한 채, 항상 배우는 일이 중요하다.** 이처럼 겸손한 자세야말로 오히려 투자자로서의 자신감을 형성해 준다.

그러나 안심해도 좋다. 투자 공부는 사실 즐겁다. 투자를 계속 공부하면 세상의 움직임과 시대의 변화, 돈의 흐름과 정치 이야기가 모두 하나로 연결된다.

예전에는 관심이 없었던 해외 정치와 다양한 뉴스를 이해할 수 있게 된다. 교양이 점점 깊어짐도 실감할 수 있다. 무엇보다 그 정보가 자신의 돈벌이와 직접 연결됨을 느끼고, 그것이 실현되었을 때 투자 공부의 참맛을 깨달을 것이다. 올바른 투자 공부를 계속하다 보면 그날은 반드시 온다.

주식투자 1년차부터
'안정 투자자'가 되기 위한
5가지 법칙

이 장에서는 필자가 이름 붙인 '안정 투자자'가 되는 데
필요한 것들을 설명하겠다.
목표는 연 30~40%의 수익을 매년 올리는 것이다.

"2-1"
'안정 투자자'가 되자

이 항목의 3가지 핵심

1 안정 투자자란 무엇인가.
2 작은 이익의 축적이 십억 대 자산을 만든다.
3 작은 이익을 축적하는 확실한 기술을 배우자.

투자할 때 가장 중요한 것은 돈을 많이 잃지 않고 착실히 늘려 나가는 일이다. 이렇게 할 줄 아는 **안정되게 계속 이익을 늘리는 투자자를 '안정 투자자'라고 한다. 사실 이 말은 필자가 만들었다.**

투자에서 돈을 버는 방법은 다양하다.

예를 들어 주가가 열 배로 뛰는 대박을 노리거나, 가상화폐 버블과 같이 위험은 있어도 한 방에 역전을 노리는 사람들도 있다. 그러나 **안정 투자자가 가장 중시하는 것은 견실하게 이익을 축적해 나가는 방침이다.** 큰 손해를 보지 않는 투자 방법을 실천해서 꾸준히 이익을 축적하는 일을 가장 중요하게 생각하는 것이다.

때로는 그보다 더 벌기도 하지만, **연이율 30~40%가 안정 투자자가 노리는 목표 이익이다. 이것을 달성하기 위해 스스로 운용하는 투자법을 확립해야 한다.**

No.	연차	원리합계	이자	실질금리
1	1년차	13,600,000	3,600,000	36%
2	2년차	18,496,000	8,496,000	84.96%
3	3년차	25,154,560	15,154,560	151.5456%
4	4년차	34,210,200	24,210,200	242.102%
5	5년차	46,525,870	36,525,870	365.2587%
6	6년차	63,275,190	53,275,190	532.7519%
7	7년차	86,054,260	76,054,260	760.5426%
8	8년차	117,033,790	107,033,790	1,070.3379%
9	9년차	159,165,950	149,165,950	1,491.6595%
10	10년차	216,465,700	206,465,700	2,064.657%
11	11년차	294,393,350	284,393,350	2,843.9335%
12	12년차	400,374,950	390,374,950	3,903.7495%
13	13년차	544,509,940	534,509,940	5,345.0994%
14	14년차	740,533,510	730,533,510	7,305.3351%
15	15년차	1,007,125,580	997,125,580	9,971.2558%
16	16년차	1,369,690,780	1,359,690,780	13,596.9078%
17	17년차	1,862,779,470	1,852,779,470	18,527.7947%

18	18년차	2,533,380,080	2,523,380,080	25,233.8008%
19	19년차	3,445,396,900	3,435,396,900	34,353.969%
20	20년차	4,685,739,790	4,675,739,790	46,757.3979%

※세금은 포함하지 않음

위의 표는 자금 1,000만 원을 연간 36%의 복리로 20년간 운용했을 때의 계산표다. 연간 36%이면 월 3%라는 계산이 된다. 단순한 계산을 위해 월 복리는 무시했다. 이 경우 1,000만 원의 자금이 이듬해에는 1,030만 원이 된다.

한 번에 큰돈을 벌고 싶은 독자도 있을지 모르나, 그런 투자 방법은 인생에서 여러 번 성공하지는 못한다. 성공하기 전에 크게 실패할 확률이 더 높다.

견실하고 안전하게, 그러면서도 장기적으로 볼 때 큰돈을 벌고 싶다면 연 30~40%의 수익률을 확실히 창출하는 방법을 익히도록 추천한다. 그렇게 하면 표와 같이 수익을 축적할 수 있다.

투자로 큰 수익을 올리는 데에 필요한 것은 단도직입적으로 말하면 많은 자금이다. 앞에서 언급했듯 자금이 많으면 운용 난도가 높아진다. 그러나 많은 돈을 벌고 싶다면 많은 자금으로 매매하는 일은 피할 수 없다. 그러면 어떻게 해야 할까? 안정 투자자로서 자신의 그릇에 알맞은 소액 자금을 운용해 연 30~40%의 수익을 올리는 성공을 여러 번 거듭한 후, **조금씩 자신의 기술과 그**

릇(멘탈)을 키워나가는 것이다. 얼핏 보기에 먼 길을 돌아가는 듯 보이지만 사실은 가장 확실하고 빠른 방법이다.

확실한 투자 기술과 멘탈로 수익을 창출할 수 있게 되면, 같은 방법으로 몇 번이라도 수익을 낼 수 있게 된다. 평생에 몇 번 도박과 같은 큰 승부에서 이기는 것이 아니라, 재현성이 있는 방법으로 작은 승부에서 수없이 이기다 보면 반드시 부자가 될 수 있다.

인베스트먼트가 아니라
트레이드를 하자

이 항목의 3가지 핵심

1 투자에는 인베스트먼트와 트레이드가 있다.
2 이제부터 투자 중에서도 트레이드를 하자.
3 트레이드는 대처 방법을 기억하면 안정된 이익을 얻는다.

'투자'라는 말이 인베스트먼트(investment)와 트레이드(trade)를 포함하는 넓은 의미로 사용되는 경우가 많은 듯하다. **인베스트먼트나 트레이드나 똑같다고 생각하는 투자자들이 있는데, 이 두 가지는 서로 다르다.** 주식이나 외환 등에 자금을 투입해서 수익을 올리는 행위라는 점에서는 똑같지만 '이기는 방법'이 완전히 다르다.

인베스트먼트는 가치에 대해 자금을 투입하는 일이다. 주식 투자의 경우에는 기업 가치 등을 주목해 자금을 투입하는 일을 인베스트먼트(또는 단순히 '투자')라고 한다. 그러므로 인베스트먼트에서는 기업의 성장 가능성과 장래성을 분석해서, 기업 가치가 올라갈 것을 기대하고 자금을 투입한다. **인베스트먼트를 위해서는 그 기업이 속한 업계의 성장 가능성, 경영 계획 등의 펀더멘탈(Fundamental)을 공부해야 한다.** 또 기업 가치가 올라갈 때까지 어느 정도 시간이 걸리므로 중장기적인 관점에서 생각할 필요도 있다.

인베스트먼트에는 원래 가치보다 저렴한 주식을 발견해서 비싸게 파는 '가치투자', 지금은 저렴하지만 앞으로 성장이 기대되는 종목을 발견해서 기다렸다가 파는 '성장투자' 등의 방법이 있다. 요컨대 남들에게는 보이지 않는 그 기업의 '가치'에 초점을 맞춰, 원래 가치 또는 장래 가치와 비교해 지금이 '저렴'하다고 판단해서 자금을 투입하는 것이 인베스트먼트다.

이처럼 가치에 중점을 두는 인베스트먼트를 실시하기 위해서는 장기적인 시야와 깊은 배움이 필요하다. 그래서 필자가 생각하기에 투자 1년차에 우선 배워야 할 것은 트레이드다. 참고로 트레이드는 '투기'라고 불리기도 한다. 투기를 도박과 혼동해서 위험하다고 오해하는 사람들이 많다. 그러나 **결론부터 말하면 트레이드는 재현성이 높은 데다 리스크 관리가 쉬운 매매 규칙을 만들 수 있어, 가장 견실하게 이익을 노릴 수 있는 투자 방법이다.** 트레이드를 올바로 배우면 큰 손해를 미연에 방지할 수도 있고, 꾸준히 이익을 축적하는 일도 가능하다.

트레이드에서 중요한 것은 가치가 아니다. 주식 트레이드는 개별 종목을 거래하는 것인데, 주식 트레이드에서 수익을 올리는 데에 기업의 가치는 상관이 없다.

트레이드에서 중요한 것은 현재의 가격과 지금에 이르기까지 과거의 가격 변동이다. 지금 가격이 과거와 비교해서 어떤지를 보고 지금 사야 할지 팔아야 할지를 판단한다. 투자의 세계에서는 가격 변동을 정리한 도표를 차트라고 한다. **트레이드에서는 차트를 이용해서 분석하고 매매를 판단한다.**

인베스트먼트의 경우 기업의 결산서와 경영계획 자료만 보고 차트는 보지 않은 채 종목을 결정하는 투자자들도 있다. 그러나 트레이드에서 차트를 보지 않고 주문하는 일은 있을 수 없다. 차트를 보지 않고 매매하는 일은 그야말로 도박과 같다.

차트는 '과거'의 가격 변동을 정리한 것이고, 트레이드는 그 과거의 정보를 바탕으로 이루어진다. 그런 의미에서 인베스트먼트는 미래 예측인 반면 트레이드는 미래 예측이 아니다. **트레이드는 현재 일어나는 일에 대한 대처다. 그러므로 수익을 올리고 싶다면 '대처 방법'을 배워야 한다.**

트레이드, 즉 '대처'를 할 줄 알게 되면 시간과 장소, 조직 등에 좌우되지 않는 수입원 후보가 생긴다. 이런 경우에는 이렇게 한다, 저런 경우에는 저렇게 한다는 것이 바로 대처이며, 경험이 축적되면서 능숙해진다. 그리고 트레이드는 '규칙을 만들 수 있다'는 강점이 있다. 이 규칙을 트레이드 룰(trade rule)이라고 한다. 트레이드 룰이란 언제 살지, 어떻게 되면 살지, 언제 팔지, 어떻게 되면 팔지 등의 매매 규칙인데, 최고의 프로들이 만드는 규칙은 수익을 창출하는 비즈니스 모델과 같다.

물론 주의할 필요도 있다. 아무리 훌륭한 규칙이라고 해도 100% 성공하지는 못하므로 맹신해서는 안 된다. 반드시 승리와 패배를 반복하게 된다. 그러나 **승리와 패배를 반복하며 견실하게 수익을 올리는 규칙을 만드는 일은 반드시 가능하다. 그것이 트레이드를 실시하고 기술을 계속 연마하는 일의 큰 이점이다.**

인베스트먼트는 시간이 지난 후 결실을 맺으면 성공이지만, 결과가 나올 때까지 시간이 걸리는 경우가 많다. 시간이 걸리는 만큼 돌발적인 사건이나 경제 정세의 변화 등 불확실한 요소가 늘어난다. 반면 트레이드는 과거의 차트에서 '주문하는 이유' '결제하는 이유'를 찾아내고, 그 이유가 옳으면 돈을 벌 수 있다. 지극히 기술적이며, 기술적이기에 경험을 쌓으면 쌓을수록 실력이 는다. **천재적인 아이디어가 필요하지도 않고, 남녀노소를 불문하고 노력과 경험을 쌓으면 누구나 할 수 있는 매우 '민주적인' 수입원 후보라고 할 수 있다.**

예상하지 말고
'트레이딩 에지'에서 주문하자

이 항목의 3가지 핵심

1 유리한 국면을 나타내는 트레이딩 에지란 무엇인가.
2 트레이딩 에지가 있는 곳에서만 승부를 보자.
3 전체 승부에서 이익을 얻는 방법을 선택하자.

'투자'는 미래를 예상하는 것으로 생각하는 투자자가 대다수일 것이다. **그러나 앞에서도 썼듯 '트레이드'라는 방침으로 매매한다면 예상이 아니라 '대처'로 수익을 올려야 한다.**

투자의 세계에서 '반드시'는 존재하지 않는다. 한 번의 매매에서는 아무리 신용할 수 있는 애널리스트의 정보라도, 아무리 백전노장 프로투자자라도, 결과를 단언할 수 없다. 당연하지만 한 방에 역전을 노리는 투자(이것은 도박이다)는 피해야 한다.

그러나 결과를 단언할 수 없는 세계에 돈을 투입하는 일 자체를 도박이라고 생각하는 사람들도 있을 것이다. 여기서 비유 한 가지를 해 보겠다.

필자와 독자 여러분이 서로 내기를 하게 되었다고 하자. 판돈은 1,000만 원이다. 필자가 이기면 여러분이 1,000만 원을 낸다. 여러분이 이기면 물론 필자가 1,000만 원을 준다. 다만 규칙은 조금 특이하다. 주사위를 굴리는 내기 세 가지를 설명할 것인데, 설명을 듣고 그중에 '이거라면 내가 이길 수 있겠다'라는 생각이 드는 내기가 있다면 참가하는 것이다. 그렇지 않다면 참가하지 않으면 된다.

첫 번째 내기는 다음과 같다.

주사위를 단 한 번 굴려서 짝수가 나오면 독자 여러분이 이긴다. 그렇지만 홀수가 나오면 필자가 이긴다. 어떤가? 속임수는 없다. 평범한 주사위다. 짝수가 나올 확률과 홀수가 나올 확률은 모두 50%다.

참가하는 사람은 아마 없을 것이다.

이제 두 번째 내기로 넘어가자.

주사위를 한 번만 굴려서 1~4가 나오면 여러분의 승리다. 5나 6이 나오면 필자의 승리다. 여기에 참가하겠는가?

판돈 1,000만 원

내기①	주사위를 **한 번만** 굴려서 **짝수**가 나오면 → **승리** **홀수**가 나오면 → **패배**	승리는 $\frac{1}{2}$ 의 확률
내기②	주사위를 **한 번만** 굴려서 **1~4**가 나오면 → **승리** **5나 6**이 나오면 → **패배**	승리는 $\frac{2}{3}$ 의 확률
내기③	**내기②의 규칙에 더해 주사위를 100번 굴려서 승리의 합 계 수가 많으면 1,000만 원 받기**	합계에서 이긴다!

[대수법칙] 시행 횟수가 많으면 많을수록 '결과의 비율'이 '이상적인 수치'에 근접한다.

현실을 이야기하면, 필자가 세운 투자학교에서 몇 번이고 이 질문을 했을 때 이 승부를 수락하는 사람들이 항상 어느 정도 있다. 3분의 2 확률로 이길 수 있기 때문이다. **그러나 이 승부에 참여하기로 선택하는 태도로는 안정 투자자가 될 수 없다.**

여기에 참여하지 않았다면 마지막 내기로 가 보자.

1~4가 나오면 여러분의 승리다. 5나 6이 나오면 필자의 승리다. 다만 두 번째 승부와 다른 점은 주사위를 100번 굴려서 승리

의 합계가 많은 쪽이 1,000만 원을 가져간다는 것이다.

세상에 확실한 것은 없으니 이런 내기도 하지 않겠다는 사람도 있을 것이다. 그러나 중·고등학교에서 수학 성적이 좋았던 사람이라면 이 승부에 반드시 참여할 것이다. **그리고 그것이야말로 필자가 말하는 트레이드의 승리다.**

수학을 싫어했던 독자들을 위해 약간의 설명을 곁들이겠다. 이것은 거의 틀림없이 '반드시' 이길 수 있는 승부다. 이 '반드시'의 배경에는 **'대수법칙'이라는 수학적 법칙이 존재한다.**

이 대수법칙은 사실 금융, 정치, 사회, 경제를 이야기할 때 빼놓을 수 없다. 은행이 기업에 돈을 빌려줄 수 있는 것도, 보험회사가 보험료를 계산할 수 있는 것도, 시청률을 계산할 수 있는 것도, 선거 개표가 완전히 끝나기 전에 '당선 확정'을 발표할 수 있는 것도 모두 대수법칙이 있기 때문이다.

대수법칙을 간단히 설명하면, 시행 횟수가 많으면 많을수록 '결과의 비율'이 '이상적인 수치'에 근접한다는 것이다.

우리의 내기를 예로 들면 1~4가 나올 확률은 약 66.7%, 5나 6이 나올 확률은 약 33.3%다. 세 번 주사위를 굴리면 그중 한 번은 5나 6이 나오므로, 1,000만 원을 걸기에는 리스크가 너무 크다. 그러나 10번, 50번, 100번 주사위를 굴리면 그중 1~4가 나오는 횟수는 주사위를 많이 굴릴수록 66.7%에 가까워진다. 이것이 대수

법칙이다.

그러므로 '이긴 횟수'로 승부를 낸다면 주사위를 굴린 횟수가 많을수록 이길 확률이 높아지는 것이다. 10번 정도라면 질지도 모르지만 100번이라면 거의 틀림없이 이길 수 있다. 그래도 불안하다면 천 번, 만 번 굴리면 된다.

이제 설명은 충분할 것이다. 아무래도 수학이 잘 이해가 되지 않는다면, 실제로 주사위를 100번 굴려서 결과를 기록해 보기를 추천한다. 경험을 통해 이해할 수 있을 것이다.

이 비유를 실제 트레이드에 적용해서 생각하면 **우선 확률적으로 유리한 국면을 발견하는 방법을 배우고, 같은 국면에서는 흔들림 없이 반드시 똑같은 의사결정을 반복하는 것이다.** 다시 말해 트레이드에서는 전체 승부에서 이익을 얻는 일에 집중하면 견실하고 안정되게 이익을 축적해 나갈 수 있다.

이 **'확률적으로 유리한 국면'을 '트레이딩 에지(trading edgy)'라고 한다. 또 트레이딩 에지가 있는 국면을 '에지가 있는 국면'이라고 부른다.** 그러므로 안정 투자자가 되는 열쇠는 '에지가 있는 국면에서만' 매매하는 일이다.

다만 에지가 있는 국면이라고 해도 실제 몇 퍼센트의 확률로 수익을 올릴 수 있느냐 하면, 80% 이상인 경우는 거의 없다. 높아 봐야 60~70%다. 앞의 비유 이야기와 마찬가지다. 100번 실시하면 승리하는 횟수가 많아지지만 도중에 얼마든지 패배할 수 있다. 연패도 드물지 않다.

그러나 60~70% 확률의 트레이딩 에지라도 100번 승부하면 60~70%는 성공할 수 있다. 그러므로 손실을 줄이고 수익을 늘리면 상당한 이익을 남길 수 있다. 이것이 전체적으로 볼 때 승리하는 방법이다.

해서는 안 되는 일은, 트레이딩 에지가 올 때마다 케이스 바이 케이스로 그때그때 다르게 대처하는 것이다. 케이스 바이 케이스로 대처하게 되면 60~70%였던 확률이 기본적으로 '미지수'가 되고 만다. 거기서 성공할 수도 있을 것이다. 그러나 미지수란 전체적으로 보면 반반의 확률, 즉 성공 확률이 기껏해야 50%에 불과하다.

또 한 가지 해서는 안 되는 일은, 100번 투자하면 성공한다는 사실을 알면서도 도중에 큰 손실로 더 이상 승부를 볼 수 없게 되는 일이다.

트레이딩 에지를 발견하면 항상 똑같이 대처하고, 큰 손해만은 보지 않도록 스스로 정한 손절 규칙을 끝까지 지키자. 그렇게 하면 전체적으로 볼 때 성공한다는 사실을 수학(대수법칙)이 보증한다.

차트 분석으로 트레이딩 에지를 발견하자

이 항목의 3가지 핵심

1 트레이딩 에지는 차트 분석으로 발견할 수 있다.
2 차트 분석만으로도 우위인 입장에서 트레이드가 가능하다.
3 차트에서 우위성을 발견하는 눈을 기르는 일이 중요하다.

차트란 주가와 통화의 가치 변동을 그래프로 나타낸 것이다. 차트를 분석할 수 있게 되면 다음과 같은 이점을 누릴 수 있다.

◎ 타인의 정보에 휘둘리지 않고 자신의 뜻대로 성공하는 투자를 할 수 있게 된다.

◎ 몇 번이고 반복해서 투자 기회(트레이딩 에지)를 발견할 수 있게 된다.

◎ 컴퓨터나 스마트폰 너머에 있는 다른 투자자들의 심리를 이해할

수 있게 된다.

◎ 투자를 규칙화할 수 있기 때문에 감정에 휩쓸려 우왕좌왕하지 않는다.

◎ 확실한 투자 방침을 확립할 수 있게 된다.

차트란 봉을 시간 순서대로 늘어놓아
가격 변동을 그래프로 나타낸 것

차트에서는 봉이라는 기호를 사용한다.

봉에는 양봉과 음봉이라는 두 가지 종류가 있다. 양봉은 '가격이 올라간 상태'를 나타내고, 음봉은 '가격이 내려간 상태'를 나타낸다. 양봉은 '가격이 어디에서 어디까지, 어떻게 올라갔는가', 음봉은 '가격이 어디에서 어디까지, 어떻게 내려갔는가'를 '시가' '종가' '고가' '저가'라는 네 가지 가격을 하나의 기호에 포함해 간결하게 표현

한다. 봉에 대해서는 뒤에서 자세히 설명하겠다.

차트를 다시 정의하면, 봉을 기본 단위로 삼고 시간의 흐름에 따라 늘어놓음으로써 가격 변동의 추이를 그래프로 나타낸 것이다.

차트는 과거의 실적이므로 차트로 미래를 알 수 없다고 생각하는 투자자들도 있으나, 애초에 트레이드는 예상이 아니다. 중요한 것은 차트로 현재 상황을 올바르게 파악하는 일이다. 차트라는 과거의 가격 변동 기록을 보며 앞으로 가격이 오를지 내릴지 판단하는 투자자가 이 세상에 수도 없이 많은 것이다. 기관투자자와 같이 대량의 자금을 운용하는 프로 중의 프로라도 마찬가지다.

차트를 보며 '앞으로 값이 오를 것이다'라고 생각한 투자자가 많으면 매수 주문이 늘고 가격이 오른다. '앞으로 값이 내릴 것이다'라고 생각한 투자자가 많으면 매도 주문이 늘고 가격이 내린다. **다시 말해 차트를 보는 투자자들의 인간 심리의 집합이 가격을 결정한다.**

이것이야말로 차트가 중요한 이유이며, 차트를 보는 일에 의미가 있다는 근거다.

"2-5"

값이 떨어진 주식을
절대 묵혀 두지 않는다

─────────── 이 항목의 3가지 핵심

1 큰 손실과 묵혀 두기가 절대 금물인 이유.
2 전체 승부에서 확실히 이기기 위한 '확률' 이론.
3 현 시점에서 에지가 있는 종목과 상품을 항상 보유하자.

트레이딩 에지라는 사고방식을 익히고, 확률적으로 투자에서
수입을 얻는 트레이딩 에지가 발생했을 때에만 거래해야 함을 명
심해도, 3연패나 4연패를 하는 일은 흔하다. **그러나 진짜 타격은 연
패 자체가 아니라, 연패로 자금이 없어져서 '다음 승부'에 나설 수 없게
되는 일이다. 거래에 참여하지 못하고 시장에서 퇴장하게 되는 것이 가
장 큰 타격이다.**

연패까지 가지 않아도 한 번의 대실패로 그때까지 쌓아 온 자금

을 날리고 마는 일도 있다. 1,000만 원으로 수많은 트레이드를 거듭해서 자금을 그 두 배인 2,000만 원으로 불렸다고 하자. 이 돈으로 더 큰 트레이드를 해서 더 큰 수익을 노리는 멋진 국면에 다다른 것이다. 그러나 이때 단 한 번의 거래에서 1,500만 원의 큰 손해를 보았다고 하자. 그렇게 되면 500만 원의 자금으로 투자 인생을 다시 시작해야만 한다.

500만 원으로 다시 한번 2,000만 원을 만드는 일은 그때그때 시장 상황에 따라 다르기는 해도 그 전에 1,000만 원으로 2,000만 원을 만들 때보다 훨씬 오래 걸린다. 돈뿐만이 아니라 시간도 낭비한다는 의미에서 생각해 보면 투자에서 큰 손실은 반드시 피해야 한다. **그러므로 가령 2% 손실을 보면 결제한다는 식의 손절 규칙을 설정했다면 그 규칙을 철저히 지켜야 한다.**

어느 정도 투자 기술이 능숙해진 후에는 일률적으로 2%면 손절한다는 기준을 정하는 것이 아니라 시장의 상황에 따라 손절 기준을 정할 수도 있다. 그러나 큰 손해를 볼 위험이 있다면 다음 매매의 자금을 확보하기 위해 어쩔 수 없이 일률적인 기준을 정할 필요도 있다고 생각해야 한다. 이러한 규칙을 지키는 한 돌이킬 수 없이 큰 손실은 일어나지 않는다. 몇 번이고 다시 타석에 서서 최종적으로 승리할 수 있는 것이다.

늦은 손절과 마찬가지로 해서는 안 되는 일은 값이 떨어진 주식을 묵혀 두는 일이다.

'내 돈으로 주식을 사고파는' 현물거래의 경우, 투자한 회사가 도산이라도 하지 않는 한 자금이 0이 되는 일은 없다. 신용거래나 외환차익거래와 같은 강제 로스컷(137페이지 참고)은 없고, 가치가 하락한 만큼 손해를 보게 된다. 그리고 일시적으로 손해를 본다 해도 투자 자금이 0이 되지는 않으므로, 결제해서 손실을 확정 짓지 않고 '이익으로 돌아설 때까지 기다려 보는' 투자자가 너무나도 많다.

손실이 너무 크다는 이유로 결제하지 못하는 투자자는 안정 투자자라고 할 수 없다.

그 이유는 값이 떨어진 주식을 끌어안고 있는 탓에 자금을 자유롭게 사용할 수 없기 때문이다.

묵혀 두고 있는 종목은 투자자 본인이 봐도 '지금 새롭게 결정한다면 절대로 사지 않을' 종목일 것이다.

가령 3,000만 원에 주식을 매수했다고 하자. 그 종목이 폭락해서 가치가 1,000만 원이 되었다. 2,000만 원의 가치 손실이 발생한 것이다. 물론 주가가 다시 상승해서 가치 손실이 줄어들 가능성은 있다. 그러나 폭락한 데에는 이유가 있을 것이고, 원래의 3,000만 원으로 돌아갈 가능성은 지극히 낮다고 할 수 있다. 그 가능성에 투자하는 것은 '오를지도 모른다'는 근거 없는 생각에 돈을 거는 것이며, 도박 중에서도 승산이 없는 도박이다.

안정 투자자의 자세는 '현 시점에서 트레이딩 에지가 있는 종목'을 보유하는 것이다. 에지가 있는 종목이 '상승할 확률이 더 높기' 때문이다. 그렇다면 가치가 떨어진 종목을 계속 보유하고 있을 이유는 없다. 우위성이 없어지기 때문이다. 가치가 떨어진 종목을 팔아 얻은 1,000만 원으로 더 에지가 있는 종목을 사면 된다. 폭락한 주식을 끌어안고 2,000만 원이 오르기를 기대하는 것보다, 이렇게 하는 것이 오를 확률이 훨씬 높다.

다시 말해 폭락해서 묵혀 둔 종목 1,000만 원어치보다 에지가 있는 종목 1,000만 원어치의 주가가 오를 확률이 높다. 묵혀 둔 주식은 오히려 앞으로 값이 떨어질 확률이 더 높다.

가령 '내가 가진 에지 있는 주식 1,000만 원어치를 당신이 묵혀 둔 주식 1,000만 원어치와 바꿉시다'라는 사람이 나오면 누구나 기꺼이 바꿔 줄 것이다(물론 이런 고마운 사람이 있을 리 없고, 만약 있다면 저의가 의심될 것이다). 끌어안고 있던 종목을 결제하고 그 돈으로 에지가 있는 다른 종목을 사는 일은 엄밀히 말하면 수수료가 들지만, 그래도 이런 교환과 똑같다.

그렇게 생각하면 값이 내려간 주식을 끌어안고 있는 일은 참 어리석다. 이런 행동은 절대 해서는 안 된다.

주식투자 1년차부터
수익을 내기 위한
9가지 법칙

투자자로서 숙련되면 숙련될수록 방법은 단순해진다.
세상에는 다양한 매매 방법이 있다. 그중 재현성이 높은 정통적인 방법,
투자 1년차부터 수익을 내기 위해 기억해야 할 자세를 공개한다.

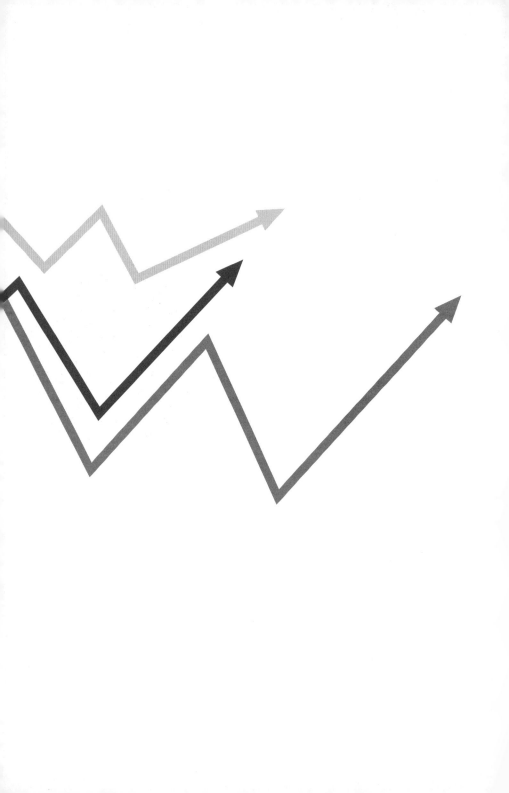

"[3-1]" 봉차트를 보는 법을 알아두자

이 항목의 3가지 핵심

1 봉의 의미를 이해하자.
2 시간 단위가 서로 다른 봉들의 관계를 알자.
3 봉의 조합에서 알 수 있는 우위성이란?

주식투자를 시작하기 전에 반드시 알아둬야 할 것이 '봉차트(캔들차트)'다.

주식, 외환차익거래 그리고 그 외의 거래 모두, 차트를 이용해서 트레이드하는 경우에는 봉차트를 읽을 줄 알아야 한다. 봉차트란 과거의 가격 변동을 그림으로 나타낸 것이다.

봉차트를 읽을 줄 알면 과거의 일정 기간 동안 주가 등의 가격이 얼마나 상승하고 얼마나 하락했는지 일목요연하게 볼 수 있다. 상승했을 때는 양봉으로 나타내고 하락했을 때는 음봉으로 나타낸다(그림-1).

그림-1

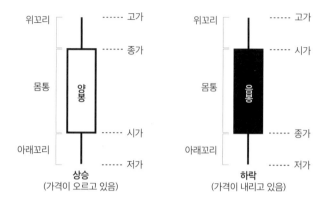

봉차트는 장세의 '현재'를 올바르게 파악하는 데에 매우 중요한 지표다. 봉차트는 하루나 한 시간과 같은 시간 단위 내의 시가, 고가, 저가, 종가라는 네 가지 기본 가격으로 이루어져 있다.

우선 양봉을 설명하겠다. **양봉은 일정 기간의 종가가 시가보다 얼마나 상승했는지 나타낸다.** 상승 장세에서는 긴 양봉이 등장하거나 양봉들이 이어지는 경우가 많다.

다음으로 음봉을 설명하겠다. **음봉은 일정 기간의 종가가 시가보다 얼마나 하락했는지 나타낸다.**

또 봉 몸통의 위아래에 나와 있는 선은 '꼬리'라고 하며, 위의 선을 '위꼬리', 아래의 선을 '아래꼬리'라고 한다. 봉차트는 몸통만이 아니라 위꼬리와 아래꼬리도 포함해서 앞으로의 가격 변동을 예측하는 데에 중요하므로, 반드시 그 의미를 이해해 두자.

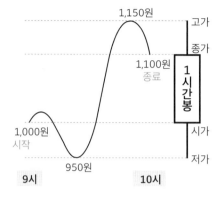

어려운 가격 변동도 봉차트로 보면 일목요연

1,150원

고가

종가

9시에 1,000원에서 시작해서,
가장 낮아진 가격은 950원이었고,
가장 높아진 가격은 1,150원이었으며,
10시에는 1,100원으로
이 한 시간을 마쳤다.

1,100원
종료

1시간봉

이것을 1시간봉 한 개로 알 수 있다!

1,000원
시작

시가

이렇게 가격 변화를
읽어내는 일이
투자자로서 매우 중요!

950원

저가

9시

10시

봉차트는 투자를 하지 않는 사람이라도 한 번쯤은 본 적이 있을 만큼 유명하다. 실제로 투자 경험이 어느 정도 있는 사람이라면 봉차트를 모르는 사람은 거의 없다. 봉차트를 이용해서 매매하는 투자자가 그만큼 많다는 뜻이다. 봉차트를 보고 매매할 지점을 찾는 투자자들이 많다.

봉차트에는 과거의 가격 변동이 거짓 없이 명확하게 나타나 있다. 봉차트를 읽을 줄 알게 되면 가격 변동의 이면에 있는 '투자자의 감정'을 읽을 줄 알게 된다. **봉차트의 형태에서 지금 투자자들이 가격 상승을 바라는지, 가격 하락을 바라는지, 대응을 고민하고 있는지까지 읽어낼 수 있게 된다.**

양봉에는 꼬리(*수염이라고도 함)가 있는 경우와 없는 경우가 있다. 꼬리가 있는 경우부터 설명하겠다. 어느 기업의 주가가 하루

그림-2 양봉(꼬리가 있는 경우)

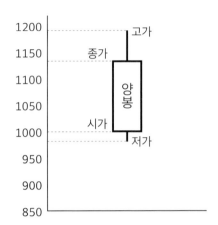

시가	1000
고가	1190
저가	980
종가	1130

동안 다음과 같이 움직였다고 하자(그림-2).

그림의 꼬리가 보일 것이다. **꼬리는 저가나 고가가 몸통을 형성하는 가격보다 낮거나 높은 경우에 생긴다.** 꼬리에도 읽는 방법이 있다. **위꼬리가 길다면 매도 압력이 강하다는 뜻이고, 아래꼬리가 길다면 다시 사들이는 추세라고 볼 수 있다.** 이것이 봉차트를 읽는 방법이다. 대부분 꼬리가 있지만, 꼬리가 없는 경우도 있다(그림-3).

꼬리가 없고 몸통만 있는 양봉이다. '화이트 마루보즈(*머리털이 없다는 뜻)'라는 별칭으로도 불리며, **투자자들의 강한 매수 의욕을 반영한다.** 강한 상승세 속, 또는 하락한 후 상승세로 돌아설 때 나타난다. 강한 매수 경향을 뜻하는 봉인데, **이러한 봉을 발견했을 때는 매수에 우위성(에지)이 생기는 경우가 많으므로 매수 진입을 준비하면**

좋을 것이다.

그림-3 양봉(꼬리가 없는 경우)

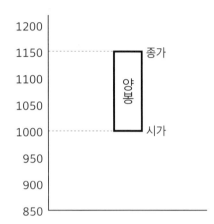

시가	1000
고가	1150
저가	1000
종가	1150

그림-4 음봉(꼬리가 없는 경우)

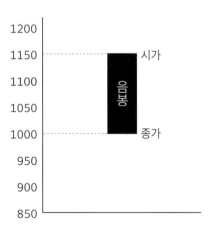

시가	1150
고가	1150
저가	1000
종가	1000

한편 꼬리가 없는 음봉이 발생하기도 한다(그림-4). 꼬리가 없는 음봉은 '블랙 마루보즈'라고 하며, 기간 내의 가격 동향이 어떻든 **처음부터 끝까지 계속해서 매도가 이어졌다는 뜻으로, 강한 매도 의욕을 반영한다.** 이처럼 하나의 봉에서도 여러 가지 의미를 읽어낼 수 있다.

봉에는 기간에 따라 여러 종류가 있다. 기간은 크게 분류해서 분봉, 일봉, 주봉, 월봉 정도를 기억해 두면 좋다.

분봉이란 '분'을 기간으로 설정한 봉이다. 일반적으로는 1분봉, 5분봉, 15분봉, 30분봉 등의 기간을 설정한다. **단기 트레이드를 실시하는 데이트레이더가 활용하는 일이 많다.**

일봉이란 '일'을 기간으로 설정한 봉이다. 주식시장으로 말하면 거래가 시작되는 9시에서 거래가 끝나는 15시까지의 기간이다. 외환 시장의 경우는 거의 24시간이다. **일봉 차트는 데이트레이더와 스윙트레이더(보유 기간이 며칠에서 몇 주) 등 중기적인 관점에서 투자하는 투자자들이 널리 활용한다.**

주봉은 '주'를 기간으로 설정한 봉이다. 주식시장으로 말하면 월요일에서 금요일까지의 가격 변동 중 월요일의 시가와 금요일의 종가, 그 주에 가장 높았던 가격인 고가, 가장 낮았던 가격인 저가로 구성된 봉이다. **주봉을 사용한 차트는 중기 투자에서 장기 투자를 실시하는 투자자들이 활용한다. 또 데이트레이더 중에서 장기적인 관점으로 그날의 매매를 판단하려는 투자자들이 활용하기도 한다.**

봉 하나로 읽어낼 수 있는 정보를 더 깊이 파고들어 보자. 가령 주식시장에서 이 봉을 보고 무엇을 읽어낼 수 있을까? (그림-5)

그림-5

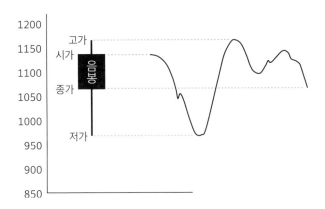

1. 주식시장이 개시됨과 동시에 주가가 급락

2. 그 후 곧바로 주가가 상승해 고가를 기록

3. 그 후 고가 부근에서 주가가 크게 변동하지 않음

4. 마감 직전에 대규모 매도로 금일 종료

그림-5와 같은 봉을 보면 이러한 격렬한 가격 변동이 있었음을 알 수 있다. 프로 딜러 등 투기 세력이 참가하는 종목의 가격은 이렇게 변동하는 일이 있다.

투자를 할 때는 그날 하루의 가격 동향이 어땠는지 확인하는 일이 아주 중요하다. 왜냐하면 주식의 세계나 외환의 세계, 전날의 가격 동향이 다음 날에 영향을 미치는 일이 많기 때문이다.

마지막으로 기억해 둬야 할 봉의 조합을 소개하겠다.

그림-6 하라미

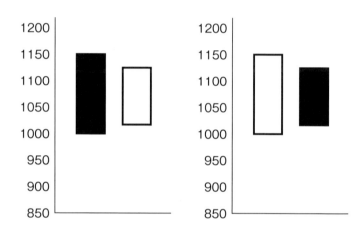

1. 하라미 (그림-6)

하라미(*잉태를 뜻함)는 한 봉이 그 앞 봉의 범위에 완전히 들어온 상태다. 배 속에 아기가 있는 듯한 모습에서 이러한 이름이 생겨났다고 한다. **하라미는 앞 봉의 고가나 저가 중 아무것도 넘어서지 않은 상태이므로, 전날까지 계속된 장세가 약해짐을 암시한다.** 그러나 그 결과로 트렌드(다음 항목에서 설명)가 전환되기도 하므로 주목할 필요가 있다.

그림-7 다키

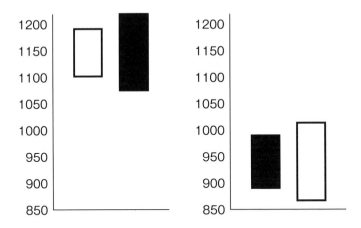

2. 다키 (그림-7)

다키(*포옹을 뜻함)는 상대적으로 작은 앞 봉 다음에 고가와 저가를 모두 갱신한 큰 봉이 나타나는 것이다. 마치 껴안고 있는 듯 보인다는 의미에서 이러한 이름이 나왔으며, 감싸고 있는 듯 보이기 때문에 쓰쓰미(*감싼다는 뜻)라고 부르기도 한다. 이것은 **지금까지의 가격 흐름이 완전히 변할 만큼 큰 매매 세력이 들어왔다는 뜻이다.** 고가권에서 나타난 경우에는 매도로 전환될 것을 암시하고, 저가권에서 나타난 경우에는 매수로 전환될 것을 암시한다.

그림-8 요세

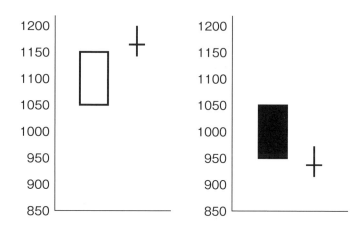

3. 요세 (그림-8)

요세(*끌어 모은다는 뜻)는 도지(*동시라는 뜻)라고도 한다. 봉의 시가와 종가가 같을 때 나타난다. **요세가 나타났을 때는 매수 세력과 매도 세력의 힘이 맞부딪히고 있는 것이며, 장세의 전환을 암시하는 징후라고도 할 수 있다. 고가권에서 나타난 경우에는 매도로 전환될 것을 암시하고, 저가권에서 나타난 경우에는 매수로 전환될 것을 암시한다.**

지금까지 봉을 읽는 기본적인 방법을 설명했다. 그러나 이 방법이 100% 적중하지는 않는다. 어디까지나 우위성이 있다는 암시일 뿐이다. 우위성이 있어도 반드시 그대로 되지는 않을 때가 있으며, 그 경우에는 손절을 추천한다.

"[3-2]," 트렌드와 파동을 이해하자

이 항목의 3가지 핵심

1 파동을 이해하자.
2 파동을 수익으로 바꾸자.
3 트렌드와 파동의 차이를 알자.

주식투자 1년차인 투자자가 기억해야 할 용어가 두 개 있다.

그 용어는 바로 '트렌드'와 '파동'이다.

트렌드라는 말은 방향성을 가리키며, 투자하는 사람들 사이에서는 '상승 트렌드' '하락 트렌드'와 같은 표현으로 사용된다.

한편 '파동'은 가격 변동이 만들어내는 울렁거림이다. 가격은 파도치며 오르고 파도치며 내리는 특성이 있어서 마치 '파도의 움직임'과 같아 파동이라고 한다. 파동에는 상승 파동과 하락 파동이라는 두 종류가 있다.

파동과 트렌드의 관계

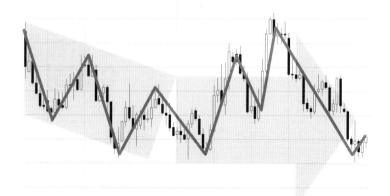

트렌드와 파동을 비교해 보면, 아무리 큰 파동이라고 해도 봉 수백 개 분량이 되는 일은 없다. 반면 트렌드는 수많은 파동을 동반하며, 봉 수천 개에 달하기도 한다.

트렌드라는 개념은 전체적인 흐름을 나타낸다. 파동은 그 트렌드 속에서 가격이 이리저리 오르내리는 현상을 뜻한다.

위의 그림을 보자. 어떤 이미지인지 이해할 수 있을 것이다.

그림에서 전체적인 흐름은 하락 트렌드가 계속되고 레인지 장세에 돌입했는데, **하락 트렌드 속에서도 오르내림이 나타나고 있다.** 이 가격의 파도와 같은 오르내림이 파동이라는 생각을 머릿속에 가지고 있으면 된다.

하락 트렌드와 파동의 관계

그리고 투자 1년차인 투자자가 트레이드를 하면서 이익을 얻기 위해서는 파동을 수익으로 바꾼다는 자세도 중요하다.

파동을 수익으로 바꾼다는 의식을 가지면서도 트렌드를 파악해 두는 일은 매우 중요하다. 왜냐하면 가령 위의 그림과 같이 하락 트렌드가 발생했을 때는 가격이 오르내리기는 해도 '하락이 더 큰' 특징이 눈에 보이기 때문이다.

그 특징을 발견했다면, 하락 트렌드가 한창 진행되는 중에는 상승폭보다 하락폭을 노려야만 수익률이 더 높으므로, 상승 파동에서 하락 파동으로의 전환을 확인하고서 진입하는 등의 방법이 효과적이다.

조금 어려운 이야기를 해 보겠다. 투자자들의 목적은 다양하다. 가령 외환 거래를 생각해 보자. 도요타와 같은 세계적인 기업이 미국에서 번 달러는 일본에서 환전을 통해 엔이 된다. 이때 도요타는 개인 트레이더와 같이 차익을 노리고 달러나 엔을 환전하지는 않는다.

무역회사도 마찬가지다. **이것을 '실수요'라고 한다.** 또 보험이나 연금의 운용과 같이 예산이 정해져 있고 그 예산대로 다른 통화를 매수해서 장기간 보유하는 투자자들도 있다. 이러한 투자자들이 커다란 트렌드를 만들어낸다. 각국의 정치 정책, 금리 변동, 대통령의 발표 등이 이 커다란 트렌드를 변화시키는 요인이 되므로 교양 삼아 알아둘 필요가 있다.

한편으로는 차익을 노리고 트레이드를 하는 투자은행, 프로 딜러 등이 시장에 참가한다. 이러한 주체들을 '투기 세력'이라고 부른다. 투기 세력은 기본적으로 개인이 아니고 투자은행 등에 고용되어 있으므로 거액의 자금을 수익 목적으로 활용할 수 있다. 그러나 '이번 달의 목표'나 '이번 분기의 목표' 등 회사에서 부과한 수익 목표가 있으므로 '이번 달 이익은 이번 달 안에 확정 지어야 한다'와 같은 시간제한이 있다.

이처럼 시간제한이 있는 투기 세력이 시장에서 매매를 하면 가격이 파도치며 오르내린다. 왜냐하면 주문한 종목과 통화를 반드시 어느 정도 단기간에 결제하기 때문이다. 가격이 급격히 내려갔다가 순식간에 급격히 회복되는 등의 현상은 기본적으로는 투기 세력이 매매한 결과다.

트렌드를 만드는 것은 실수요와 장기 투자자의 동향이고, 파동은 시간제한이 있는 매매를 실시하는 투기 세력의 동향에서 생겨난다. 개인 투자자가 투자해서 손해를 볼 때 그 이유는 반드시 파동을 무시하고 무언가 다른 근거로 매매를 하거나, 중장기적인 큰 국면을 나타내는 트렌드를 무시하고 포지션(종목과 통화를 보유한 상태)을 선택하는 것이다. 그러므로 트렌드를 확실히 파악하고 파동을 따라 매매하는 기본자세를 지키는 일이 중요하다.

"3-3" 이동평균선으로 트렌드를 보자

──────────── 이 항목의 3가지 핵심

1 차트 분석 중에서도 이동평균선을 기억해야 한다.
2 안정되게 성공하기 위해 트렌드 장세를 확실히 파악하자.
3 트렌드 장세를 파악하기 위해 이동평균선을 활용하자.

필자는 일을 하면서 세계 최고봉의 딜러였던 사람, 현역 개인투자자 등 수많은 프로와 이야기를 나눌 기회가 있다. 프로들의 이야기를 들어 보면 경험이 길면 길수록, **그리고 계속 투자에 성공하는 사람일수록 마지막에는 단순한 방법으로 돌아가는 경향이 있는 듯하다. 그 단순한 방법의 대표적인 예가 이동평균선이다.**

주식이든, 외환이든, 가상화폐든 싸게 사서 비싸게 팔면 돈이 벌리는 것은 마찬가지다. 아주 단순하지만, 그 후 가격이 정말로 오를지 꿰뚫어 보는 일이 어렵기 때문에 프로를 포함한 수많은 투자자가 고생을 한다.

여기서 기억해야 할 것이 앞에서 설명한 '트렌드'라는 단어다. 트렌드에는 상승 트렌드와 하락 트렌드가 있다. 트렌드에는 '한 번 발생하면 계속된다'는 특징이 있다. 물론 영원히 계속되지는 않지만, 한 번 생겨나면 '어느 정도는 계속된다'는 점은 중요한 진실이다.

이동평균선의 첫째 목적은 트렌드를 알기 쉽게 만드는 것이다. 그리고 트렌드의 발생을 간파하고 이익을 얻는 방법을 확실히 습득하는 것이, 초보자가 투자에서 안정되게 수익을 올리는 중요한 열쇠다. 그러기 위해서는 우선 이동평균선을 읽을 줄 알아야 한다. '이동평균선'이라는 용어를 일상생활에서 들어 본 적은 없겠지만 내용은 그다지 어렵지 않다.

이동평균선의 '평균'은 초등학교에서 배운 그 '평균'이다. 무엇의 평균이냐 하면 봉 종가의 평균이다. 가령 5일 이동평균선이라고 하면 그 종목의 현재를 포함한 5일간의 봉 종가의 평균을 연결한 것이다.
대표적인 5일 이동평균선을 비롯하여 20일 이동평균선과 50일 이동평균선을 다음 페이지에서 볼 수 있다. 일수가 많아지면 많아질수록 이동평균선이 완만해지는 경향을 발견할 수 있다.

5일간의 이동평균선

기간이 짧으면 이동평균선과 가격이 가깝지만
장기적인 트렌드를 파악하기는 어렵다

20일간의 이동평균선

일봉이라면 20개(20영업일)이므로 최근 1개월 정도의 트렌드를 알 수 있다

50일간의 이동평균선

봉 50개

전체적인 흐름을 파악하기 쉽다

　　그래프를 보면 알 수 있듯 봉차트는 때로 어지럽게 오르내리며, 그 경우에는 봉차트만 보고 트렌드를 알기 어렵다. **이동평균선을 그려 보면 장기적인 트렌드를 알기 쉬워진다.**

[3-4]

트렌드 장세와
레인지 장세의 차이를 기억하자

이 항목의 3가지 핵심

1 트렌드 장세와 레인지 장세가 있음을 알자.
2 레인지 장세에서는 트레이드를 삼가자.
3 트렌드를 따라 트레이드하자.

장세에는 세 종류가 있다. 바로 상승 장세(상승 트렌드), 하락 장세 (하락 트렌드), 레인지 장세(박스권 장세, 소폭 등락 장세, 보합 장세 라고도 함)다.

상승 트렌드는 이름 그대로 가격이 상승하는 트렌드이고 하락 트렌드는 가격이 하락하는 트렌드를 말한다. 레인지 장세는 트렌 드가 없는 장세로, 올라갔다 내려갔다 하며 가로 방향으로 향하는 장세다.

왜 트렌드 장세와 레인지 장세를 나누어 생각할 필요가 있을까?

트렌드 장세에서 수익을 올리는 경우와 레인지 장세에서 수익을 올리는 경우는 거래 방법과 주문할 타이밍이 완전히 다르기 때문이다.

트렌드 장세에서는 트렌드를 따라 포지션을 가지고 있으면 돈을 벌 가능성이 크다. 그러나 레인지 장세의 경우는 자주 올라갔다 내려갔다 하므로 포지션을 그대로 가지고 있으면 손해를 보고 만다.

상승 트렌드 장세의 특징은 봉의 시가와 종가가 올라가서 차트가 우상향 형태를 그리는 것이다. 상승 트렌드에서는 오르내림이 반복되면서 가격이 상승하므로, 싸게 사서 비싸게 팔아 이익을 축적할 수 있다.

하락 트렌드 장세의 특징은 가격이 서서히 하락한다는 것이다. 봉의 시가와 종가가 내려가서 차트가 우하향 형태가 된다. 하락 트렌드도 오르내림이 반복되면서 가격이 내려가므로, 사전에 비싼 가격으로 매도 주문을 하고 싸게 다시 사들이면 이익을 축적할 수 있다.

레인지 장세에서는 가격이 좁은 범위 내에서 계속 오르내리면서도 전체적으로는 상승하거나 하락하지 않는다. **이 시기에는 기본적으로는 트레이드를 하지 않는 것이 현명하다.** 영원히 계속되는 상승 장세나 하락 장세가 없듯, 영원히 계속되는 레인지 장세도 없다. 레인지 장세는 상승 트렌드나 하락 트렌드가 발생하기 전에 시장이 숨을 고르는 단계라고 생각하면 좋을 것이다.

상승 트렌드나 하락 트렌드가 계속되기 위해서는 대규모 자금의 에너지가 계속 필요하다. 장세도 사람과 마찬가지로 오랫동안 전력 질주할 수는 없으므로, 일시적으로 역방향으로 움직이거나 레인지 장세가 되는 현상이 얼마든지 일어날 수 있음을 이해해야 한다.

레인지 장세가 한창일 때는 거래하지 않는 것이 좋다고 말했다. **그러나 레인지 장세를 일정 기간 관찰하다 보면 반드시 상승 트렌드나 하락 트렌드가 발생하므로, 자신이 거래하고 싶은 종목이나 통화가 레인지 장세의 한복판에 있다면 당분간 매일 관찰한다. 그렇게 하면 트렌드가 발생했을 때 트렌드의 초입부터 수익을 노릴 수 있다.**

반대로 트레이드 기술을 확실히 익히지 않은 사람이 레인지 장세에서 도박과 같은 매매를 하면, 복싱에서 작은 타격이 축적되어 큰 타격을 입듯 자금이 조금씩 줄어들다가 큰 손해를 볼 수 있으므로 주의해야 한다.

지금까지 상승 장세, 하락 장세, 레인지 장세라는 세 가지 장세를 살펴보았다. 과거의 차트 형태에서 지금이 어떤 장세인지 읽어내지 못한다면 투자에서 안정되게 성공하는 일은 불가능하다.

가령 하락 장세가 한창인데 매수 주문을 해서 큰 손실을 입는 일이 흔하다. **하락 장세인 것을 알면서 매수 주문을 할 리가! 라고 생각**

하는 투자자도 많을 것이다. 그러나 의외로 주식을 거래하는 투자자들 중에는 이런 실수를 해서 큰 손해를 보고, 손절을 하지 못한 채 주식을 끌어안고 있는 투자자들이 많다.

주식을 거래하다 보면 '저평가주' '저가종목'과 같이 그 기업의 원래 주가보다 저렴하게 살 수 있는 종목을 발견한다. 또 인터넷에 흔한 종목 정보 서비스에서도 '저평가주! 사 두면 오른다!'라는 문구를 단 종목들이 있다.

차트 분석으로 과거 차트의 형태를 볼 수 있는 사람이라면, 그 종목이 하락 트렌드의 한복판에 있는지를 단번에 알아보고 절대 매수하지 않을 것이다. 그러나 차트를 보는 눈이 없는 투자자는 남의 말만 믿고 매수해서 더 큰 손실을 보는 일이 많다.

투자의 세계에서 반드시 피해야 할 일은 '큰 손실'과 '가치가 하락한 종목을 묵혀 두기'다.

이러한 행동을 하면 투자 자금을 충분히 사용하지 못하게 되어 수익을 올릴 기회를 잃기 때문이다. 회복하는 데에도 긴 시간이 걸리므로, 안정된 이익을 얻을 기회가 몇 번이고 사라져 버리는 것이다.

"3-5"
파동을
수익으로 바꾸자

이 항목의 3가지 핵심

1 파동을 수익으로 바꾼다는 의식을 가지자.
2 파동의 흐름을 따라 수익을 올리자.
3 파동의 전환을 확인한 후 진입하자.

앞에서 장세에는 트렌드 장세와 레인지 장세가 있다고 설명했다. 그리고 레인지 장세에서는 거래하지 않는 것이 좋다고 설명했다. 장세 속에서 수익을 올리기 위해서는 장세의 방향을 꿰뚫어 보는 일이 아주 중요하다. 물론 방향을 꿰뚫어 보게 되면 수익이 확대될 확률이 높아지지만, 트렌드 장세에서 수익을 확보하는 일은 말처럼 쉽지는 않다.

트렌드나 레인지라는 말은 장세의 방향을 나타내는 말이며, 앞으로의 큰 방향성을 살펴보는 데 중요한 관점이다. 그러나 실제로 수익을 올릴

때 기억해야 할 키워드는 '파동을 수익으로 바꾼다'다.

차트상의 가격 변동을 '파동'이라고 부르는 경우가 있다. 가격이 오르내리는 모습이 마치 파도와 같기 때문이다. 그리고 트레이드로 이익을 얻기 위해서는 '파동을 노린다는 의식'이 매우 중요하다. **트레이드는 파동을 노려 돈을 버는 행위라고 생각하면 좋을 것이다.**

트레이드에는 두 가지 사고방식이 있다. '오르고 있는 종목은 계속 오르고, 내리고 있는 종목은 계속 내린다'라는 관점이다. 다른 하나는 '오르고 있는 종목은 곧 내리고, 내리고 있는 종목은 곧 오른다'라는 관점이다.

가격이 오르고 있을 때 더 오를 것으로 생각해서 흐름에 '순응'해 매수할 수도 있고, 가격이 내리고 있을 때 반등할 것으로 생각해서 흐름을 '역행'해 매수할 수도 있다. 일반인 중에는 '이만큼 올랐으면 슬슬 내리지 않을까?' 또는 '이만큼 내렸으면 슬슬 오르지 않을까?'라고 생각하는 투자자가 많은 모양인지, 흐름에 역행하는 사람들이 많다고 한다.

확실한 것은 '지금 오르고 있다' '지금 내리고 있다'라는 사실이다. 어디까지 오를지, 어디까지 내릴지는 아무도 알 수 없다. 그러므로 주관적인 예상은 하지 말자. 오르고 있으면 매수 주문으로 그 종목을 보유해야 하고, 내리고 있으면 매수 주문을 하지 말아야 한다.

그러나 봉 하나하나를 보면 상승 트렌드 도중에도 얼마든지 음봉이 나타나는 경우가 있다.

그때 '오르고 있으면 매수 주문으로 보유하고, 내리고 있으면 매수 주문을 하지 않는다'라는 말은 모순되게 느껴질 수 있으므로, 방침을 확실히 세우는 일이 중요하다.

해답은 가격의 변동을 봉 하나하나가 아니라 파동으로 생각하고, 파동을 수익으로 바꾼다는 의식으로 해결해 나가는 것이다. 봉 하나하나의 움직임으로도 가치의 상승과 하락으로 인한 손익이 달라지므로 초조한 마음은 이해할 수 있다. 그러나 눈앞의 이익과 손해를 지나치게 의식하면 큰 성공을 거둘 수 없다. 그런 측면에서도 '파동을 노린다'는 의식은 중요하다.

그림-1은 봉으로 본 가격 변동이다.

그림-2는 그 가격의 움직임이 만들어 내는 파동이다.

그림-3은 파동을 수익으로 바꿀 때의 주문 시점이다. 그래서 하락 파동이 시작되면 매도 주문, 상승 파동이 시작되면 매수 주문을 해야 한다는 뜻이다.

파동을 수익으로 바꿀 때는 봉 하나하나를 보는 것이 아니라, 어느 정도의 기간 동안 파동에 맞춰 종목을 보유하는 일이 전제가 된다. 여기서 어느 정도의 기간이란 대략적으로는 봉 몇 개에서

그림-1: 2019년 5월부터 8월경의 닛케이 평균 일봉 차트

일반적인 봉차트.
오르락내리락해서 매수 지점이나 매도 지점을 찾기 어렵다.

그림-2: 닛케이 평균 차트에서 13개 기간의 이동평균선만 표시한 그래프

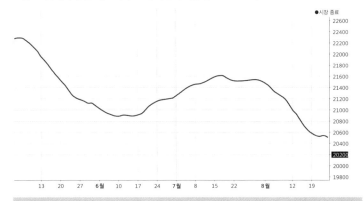

봉차트만 있을 때보다 가격의 흐름을 알기 쉽다.

그림-3: 파동을 수익으로 바꿀 때의 매매 지점

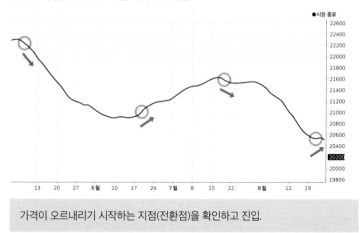

가격이 오르내리기 시작하는 지점(전환점)을 확인하고 진입.

몇십 개의 범위이나, 긴 상승 파동이 계속되는 가운데 일봉으로 트레이드하는 경우라면 3개월 정도가 되는 경우도 있다.

또 파동을 노린다는 의식은 단기 트레이드나 중장기 트레이드나 마찬가지로 작용한다. 1분봉이든, 일봉이든, 그 외의 봉이든, 파동은 반드시 존재하며 파동을 수익으로 바꾼다는 하나의 원칙을 적용할 수 있다. 그러므로 트레이드의 방침을 고수하기 쉽다.

"3-6"
파동을 수익으로 바꾸는
매매 지점을 배우자

이 항목의 3가지 핵심

1 상승 파동이 하락 파동으로 전환되면 '판다.'

2 하락 파동이 상승 파동으로 전환되면 '산다.'

3 전환의 신호가 되는 '다양한 징후'를 기억하고,

틀렸다면 손절하자.

이제부터 파동을 수익으로 바꾸기 위한 매매 방침을 이야기하겠다. 그러나 100% 적중하는 매매 방법은 존재하지 않는다. 상승 파동에서 하락 파동으로 전환되는 징후를 발견하고 가격 변동에 순응해 매도 포지션을 잡은 경우라도, 그 뒤에 가격이 거침없이 상승해 고가를 경신하는 상승 파동이 계속되기도 한다.

이처럼 장세의 흐름에 순응하려 해도 갑자기 흐름이 바뀌기도 하고, 흐름을 잘못 읽기도 한다. 그때는 곧바로 손절한다.

파동을 수익으로 바꾸는 매매 지점
● 중요한 저가보다 내려간 국면

여기를 주목!

가령 위 그림의 가장 오른쪽에 있는 검은색 음봉을 보자. 가장 오른쪽의 음봉은 안목이 있는 사람이 보면 하락세가 더해진다는 하나의 징후다.

그러나 그 후 하락 징후라고 생각했던 음봉을 지나자마자 양봉이 계속되고 상승 파동이 시작되었다고 하자(다음 페이지 그림 참고). 일반적으로는 하락할 상황인데 이처럼 역방향으로 움직이는 경우가 종종 있다. 이것이 장세에 순응하려고 했지만 순응하지 못한 경우다.

파동을 수익으로 바꾸는 매매 지점

● 100페이지 그림의 뒷부분(예상을 벗어남)

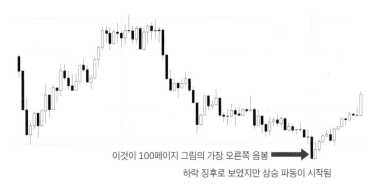

이것이 100페이지 그림의 가장 오른쪽 음봉 ➡
하락 징후로 보였지만 상승 파동이 시작됨

흐름에 순응하지 못해서 보유한 종목의 가치가 하락한 경우, 많은 사람이 손절하지 못하고 그 종목을 방치하다가 결과적으로 손실을 키운다. 이렇게 손실을 키우는 일은 반드시, 반드시, 반드시, 반드시, 반드시 피해야 한다. 흐름에 순응하려다 반대로 역행하는 바람에 손절하는 실패는 얼마든지 해도 괜찮다. 그러나 **가치가 하락한 종목을 계속 보유하고 있다가 큰 손실을 보는 일은 단 한 번도 있어서는 안 된다.**

왜냐하면 그렇게 손해를 보면 다음에 있을 큰 기회에 자금을 사용하지 못하게 되기 때문이다. **손절은 실패가 아니라 다음 성공을 위한 기회를 만드는 것으로 생각하자.**

그러면 틀릴 수도 있다는 전제로 파동을 노리기 위한 정석을 이

파동을 수익으로 바꾸는 매매 지점

● 하락 파동이 상승 파동으로 전환

제부터 몇 가지 설명하겠다.

● 하락 파동이 상승 파동으로 전환

가격을 대국적으로 보기 위해서는 이동평균선을 표시하면 좋다. 위의 그림은 일봉 차트에 10일 이동평균선을 표시한 것이다.

위의 그림에서는 가격의 하락과 상승을 반복하며 하락 트렌드가 계속되고 있으나, 아래꼬리가 긴 양봉①을 계기로 상승 파동의 시작을 감지할 수 있다.

그 후 음봉②, 양봉③, 양봉④로 이어지는데, 만약 그 후에 아래꼬리가 있는 양봉①의 저가보다 낮은 음봉이 있다면 두 양봉은 하락 트렌드 한가운데의 일시적인 상승 파동이고, 하락 파동이 계속된다는 시나리오가 될 것이다. 그러나 여기서는 고가가 높아지고 상승 파동이 시작된다.

● 힌트가 되는 봉

상승 파동(상승 트렌드)이 멈추고 하락 파동의 시작이 감지될 때는 봉 하나가 힌트가 되는 경우가 있다.

그 힌트가 되는 봉이 눈에 띄면 그다음 봉, 그리고 그다음 봉을 주목해야 한다.

다음 페이지의 차트를 보자.

파동을 수익으로 바꾸는 매매 지점

● 긴 아래꼬리(하락에서 상승으로 전환)

이곳이 중요

하락 파동이 계속되는 가운데 크게 하락했으나 한편으로 긴 아래꼬리가 출현했다. 이때 주식투자의 경우에는 주식 거래량 등이 많으면 다음 봉부터 상승으로 전환되는 일이 많다.

파동을 수익으로 바꾸는 매매 지점

● 긴 위꼬리(상승에서 하락으로 전환)

이곳이 중요

상승이 계속되는 가운데 고가를 경신하면서도 곧바로 긴 위꼬리가 출현했다. 양봉이든 음봉이든(음봉이 물론 더 강력하지만) 긴 위꼬리 뒤에는 하락세가 나타나는 경우가 많다.

파동을 수익으로 바꾸는 매매 지점

● 더블 톱(상승에서 하락으로 전환)

② 두 번째 고가 후 하락한 경우, 이곳이 매도 진입 지점이다.

① 두 번 고가를 기록한 후 하락.

③ 바로 근처의 저가보다 낮아지면 성공 확률 증가.

반대로 두 번 나타난 고가①보다 높은 가격으로 돌아간다면 신호가 틀린 것.
(트리플 톱이라고 해서 세 번 고가를 기록하는 경우도 있음)

파동을 수익으로 바꾸는 매매 지점

● 더블 바텀(트리플 바텀) (하락에서 상승으로 전환)

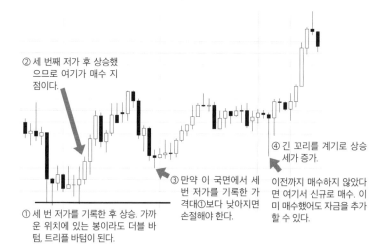

② 세 번째 저가 후 상승했으므로 여기가 매수 지점이다.

④ 긴 꼬리를 계기로 상승세가 증가.

③ 만약 이 국면에서 세 번 저가를 기록한 가격대①보다 낮아지면 손절해야 한다.

① 세 번 저가를 기록한 후 상승. 가까운 위치에 있는 봉이라도 더블 바텀, 트리플 바텀이 된다.

이전까지 매수하지 않았다면 여기서 신규로 매수. 이미 매수했어도 자금을 추가할 수 있다.

● 트렌드 라인을 아래에서 위로 관통(하락에서 상승으로 전환)

하락 파동 가운데 고가를
여러 번 연결한 선
= 하락의 트렌드 라인.

② 하락 트렌드 라인을 명확히 아래에
서 위로 관통했다.

③ 그리고 고가와 저가가 앞의 봉보다
모두 상승했다.

①~③ 세 가지를 모두 확인했다면 매
수 진입 지점.

① 트리플 바텀도 형성되어 하락에서
상승으로의 전환에 대한 확신 강화.

트렌드 라인에는 하락 트렌드 라인과 상승 트렌드 라인이 있다. 하락 트렌드 라인은
주목할 만한 여러 봉의 고가를 연결해서 그린다. 상승 트렌드 라인은 주목할 만한
여러 봉의 저가를 연결해서 그린다. 선을 긋는 방법은 사람마다 다르지만 눈에 띄는
고가 또는 저가가 있는 경우 많은 투자자가 비슷한 트렌드 라인을 그리게 된다.

특별 수업
위 그림에 봉 20개의 이동평균선을 추가했다.

① 트리플 바텀.
② 하락 트렌드 라인의 반등.
③ 고가와 저가가 앞 봉보다 모두
높아졌다.
①~③ 세 가지가 모두 발생하고,
②, ③과 같은 봉에서 골든크로스
(129페이지 참고)도 발생했다.

더욱 확실한 징후다.

그러나 40일 이동평균선을 그려 보면,

골든크로스의 발생이 훨씬 뒤로 미뤄졌다.

손실을 보고 싶지 않은 마음은 이해되지만, 기술 지표가 지나치게 복잡해지거나 확인할 사항을 지나치게 늘리면 진입이 늦어져서 기회를 손실하게 되는 경우가 많다.

파동의 전환을 노릴 때의 손절에 대해서는 아래를 참고하자.

① 에서 진입한 경우, ②의 가격보다 낮아지면 손절해야 한다.

② 보다 낮아진다
= 파동이 전환되지 않았다는 뜻이므로 손절의 이유다.

손절 지점은 차트상의 지지선이나 저항선(109페이지 참고) 등을 기준으로 설정하는 방법과 자신의 투자 자금에 대한 퍼센트 등의 비율로 설정하는 방법이 있다.

파동을 수익으로 바꾸는 매매 지점

● 트렌드 라인의 응용

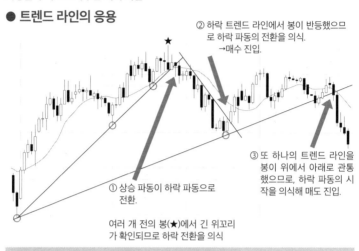

② 하락 트렌드 라인에서 봉이 반등했으므로 하락 파동의 전환을 의식.
→매수 진입.

① 상승 파동이 하락 파동으로 전환.

여러 개 전의 봉(★)에서 긴 위꼬리가 확인되므로 하락 전환을 의식

③ 또 하나의 트렌드 라인을 봉이 위에서 아래로 관통했으므로, 하락 파동의 시작을 의식해 매도 진입.

트렌드 라인은 여러 개를 그려서 다양한 상황을 생각해 본다. 파동의 전환을 여러 가지로 예측해 보자.

"3-7"
수평선을 이해하자

─────── 이 항목의 3가지 핵심

1 수평선은 투자에 계속 성공하는 데에 매우 중요.
2 수평선은 지지선과 저항선이다.
3 수평선을 만드는 고가와 저가 부근에서는 가격이 움직인다.

아무 생각 없이 매매해서 안정된 수익을 올리는 투자는 어디에도 존재하지 않는다. 그러면 무엇을 생각해야 할까?

바로 가격의 움직임이다.

그러면 무엇을 기준으로 삼아야 할까? 원래 기준으로 삼을 가격은 기본적으로 스스로 설정하고 스스로 판단해야 한다.

그렇다고는 해도 프로투자자나 일반인 투자자나 투자자라면 결코 무시할 수 없는 기준이 있다.

바로 수평선이다.

파동을 수익으로 바꾸는 매매 지점

● 고가와 저가를 연결한 수평선

수평선은 여러 개 그릴 수 있다.

각 수평선은 저항선과 지지선이
되어 가격 전환을 시사한다.

수평선을 위나 아래로 벗어나는
봉은 그 후의 상승 트렌드나 상승
파동, 그 후의 하락 트렌드나 하락
파동의 계기가 되므로 중요하다.

← 지점①

수평선이란 주요한 저가와 저가를 연결하는 지지선, 주요한 고가와 고가를 연결하는 저항선의 총칭이다.

위 차트의 수평선은 저항선이므로, 가격이 수평선보다 위로 올라가면 지점①과 같이 단번에 가격이 상승한다.

장세는 수요와 공급의 균형을 통해 움직이므로 매수 세력이 더 강하면 가격이 오르고, 매도 세력이 더 강하면 가격이 하락한다. 수평선은 매수 세력과 매도 세력의 승패를 좌우하는 갈림길이므로 많은 투자자가 수평선을 의식한다.

매수 세력과 매도 세력의 승패를 좌우하는 선이 중요한 이유는 그 선

을 넘으면 승패가 결정되기 때문이다. 승패가 결정되고 나면 이긴 쪽에 합류해서 안정된 수익을 올릴 수 있는 확률이 높아진다. 가격이 저항선보다 높아지면 똑같은 생각을 가진 투자자들이 잇따라 매수 주문을 넣으므로 가격이 빠르게 상승한다. 가격이 지지선 보다 낮아지면 똑같은 생각을 가진 투자자들이 잇따라 매도 주문을 넣으므로 가격이 빠르게 하락한다.

투자자에는 단기 트레이더, 중기 트레이더, 장기 투자자가 있는데, 수평선은 이 모든 투자자가 의식하는 가격대를 연결해서 그리는 것이 중요하다.

3분봉을 보는 단기 트레이더, 4시간봉을 보는 중기 트레이더, 일봉을 보는 투자자, 주봉을 보는 투자자 모두에게 중요한 가격을 찾아내는 것이다.

이렇게 겹치면 겹칠수록 중요한 수평선이 된다. 실제로는 5분봉 트레이더에서 주봉 투자자에 이르기까지 모든 투자자에게 중요한 가격은 흔치 않다. 그러나 가능한 한 다양한 투자자에게 중요한 가격을 찾아내야 한다.

많은 투자자가 의식하는 것은 중요한 고가와 저가를 연결하는 수평선이다. 그리고 이동평균선과 함께 보면 정밀도가 높아진다.

파동을 수익으로 바꾸는 매매 지점

● 각 수평선의 매수 세력과 매도 세력의 심리

④에서 각자의 심리

신규 매수: 매수 주문이다! 가자!
기존 매수: 추가 매수하자!
신규 매도: 다음에 ①보다 내려가면 판다!
③ 기존 매도: 손절 매수 결제다!

⑥의 시점에서는
(★1)의 시점의 긴 꼬리 음봉과
(★2)의 골든크로스 부근에서 매수 주문을 넣은 투자자도 수익 확정 매도를 할 수 있다.

이 경우 투자자는 ④와 ⑤ 모두 매수로 계속 보유한다.

(★2) 가격이 이동평균선보다 높아지는 골든크로스는 전환을 암시

⑤에서 각자의 심리

신규 매수: ⑤에서 반등하면 매수다!
기존 매수: ④에서 매수했을 때의 이익이 없어지네(눈물)
신규 매도: ⑤보다 내려가면 매도다!
기존 매도: ⑤보다 내려가라!
⑤에서 반등하면 안 돼!

(★1) 긴 꼬리 음봉은 전환을 암시

위의 그림은 한 차트에 20개 기간의 이동평균선을 그린 것이다. 이동평균선이 만들어 내는 산과 골짜기를 고가와 저가라고 보면 많은 투자자가 의식하는 고가와 저가의 선이 보인다. 다음 페이지에 설명이 있지만, 20개의 이동평균선은 증권사에서도 기본으로 설정하는 경우가 많고, 일봉을 보고 매매하는 투자자들에게도 20일은 대략 1개월이므로 참고가 된다.

이 차트는 수평선이 저항선보다 높이 올라간 경우다. 실제로 수평선을 그을 때도 지지선과 저항선은 매우 중요하다. 시세가 일시적으로 내렸을 때 사기, 되팔기(3-9에서 설명) 등의 경우에도 수평선은 참고가 된다.

앞 페이지의 그림과 같이 ①, ②, ③이라는 세 개의 수평선이 있을 때는 우선 수평선①을 넘어간 ④의 시점에서, ④가 될 때까지 계속 기다리던 두 종류의 투자자들이 가격을 매수 방향으로 움직인다. 하나는 ④에서 신규 매수 주문을 하는 투자자들이다. 다른 하나는 ④까지 매도 포지션을 가지고 있던 투자자들로, 이때 손절 매수 결제를 한다. 이 두 부류의 매수 주문이 ④에서 몰려들어 가격이 상승했다고 하자.

그러면 다음은 수평선②까지 간 시점에서, ④ 부근에서 매수 주문으로 충분히 이익을 얻은 일부 큰손 투자자들이 수익을 확정하기 위해 매도 주문을 넣고, 가격 전환을 기다리던 신규 매도 투자자들도 등장한다.

그 결과로 가격이 ⑤의 수준까지 내려간다.

수평선①은 원래 ④의 지점에서는 저항선이었으나 ⑤의 지점에서는 지지선의 작용을 하며, ⑤에서 매수 주문을 하는 투자자들도 나온다. ④와 ⑤의 사이에서 매도 주문을 하는 투자자들도 이 지점에서 수익 확정을 위해 매수 주문을 한다.

이러한 심리가 전부 집중되어 매수 주문이 몰리고 가격이 상승해 ②의 수평선을 넘는다. 그러나 수평선③에 다다르는 ⑥의 지점에서는 저항선의 힘이 작용해 매도 주문이 많아지면서 가격이 급락한다. 사실 차트 왼쪽 끝에서 ⑥까지를 보면 크게 우상향하는 경향이 있으므로, 중장기 포지션을 가지고 있던 투자자도 이제 충분하다고 생각해 수익을 확정하는 매도 주문을 넣어, ⑥에서는 가격이 하락한다.

그 후 상승의 수평선, 즉 저항선에서는 ⑥의 가격대를 의식하게 된다. 이 차트에서는 곧 이 수준을 넘어 상승 트렌드에 진입하면서 급등하는 지점에서 그래프가 끝난다.

지금까지 살펴보았듯 수평선 부근에서 많은 투자자의 투자 행동이 전환되는 일이 흔하므로, 수평선의 가격대는 매우 중요한 지점이 된다.

다음 페이지에서 수평선의 매매 지점을 설명하겠다.

① 저항선을 넘어 상승

③ 매수하던 쪽이 승리한다. 가격이 저항선을 돌파하자마자 상승하기도 하지만, 매도 주문도 있기 때문에 일시적으로 경합을 벌이거나 내려가기도 한다.

① 저항선을 돌파. 여기서 매수 진입.

② 저항선 돌파로 매수 주문이 몰려드는 가운데, 매도로 이익을 얻고 싶은 투자자와 매수 종목을 보유하던 투자자의 손절 매도 결제 등으로, 사는 쪽과 파는 쪽의 공방이 벌어진다.

② 지지선을 넘어 하락

③ ①이 저항선이 되었지만 돌파해서 상승. 그 후 예상과 달리 하락. 저항선은 이 시점에서 지지선이 된다.

① 직전의 저가(지지선)보다 명확히 내려갔다.

② 긴 아래꼬리 양봉이 하락에서 상승으로의 전환을 시사.

매도하는 경우, 우려하면서 상태를 지켜본다.

④ 음봉이 ②를 명확히 뚫고 내려가며 크게 하락.

"3-8"
다우 이론을 이해하자

─────────── **이 항목의 3가지 핵심**

1 다우 이론을 기억해 두는 것이 좋다.
2 트렌드 장세 공략을 위한 주요 이론을 기억하자.
3 고가와 저가 부근의 투자자 심리를 생각해 보자.

다우 이론이란 찰스 다우가 창시한, 시장의 가격 변동을 평가하기 위한 이론이다. 다우 이론(Dow theory)은 여섯 가지 법칙으로 이루어져 있다.

법칙 1: 가격(평균 주가)은 모든 요소를 반영한다.

법칙 2: 트렌드는 단기, 중기, 장기라는 세 가지로 분류된다.

법칙 3: 주요 트렌드는 세 단계로 이루어진다.

법칙 4: 가격은 서로 확인할 필요가 있다.

법칙 5: 트렌드는 총 거래량을 통해서라도 확인해야 한다.

법칙 6: 트렌드는 명확한 전환 신호가 나타날 때까지 계속된다.

차트 분석과 펀더멘탈 분석 중 무엇이 더 중요한가에 대해서는 둘 다 중요하다는 전제가 있다. **그러나 이 책은 차트 분석을 중심으로 트레이드에서 수익을 올리도록 추천하고 있다.** 그러므로 다우 이론 중에서도 아래의 세 가지 법칙이 특히 중요하다.

1. 트렌드는 단기, 중기, 장기라는 세 가지로 분류된다.
2. 트렌드는 총 거래량을 통해서라도 확인해야 한다.
3. 트렌드는 명확한 전환 신호가 나타날 때까지 계속된다.

이 세 법칙은 수익과 직결되므로 확실히 기억해 두는 것이 좋다.

첫 번째는 '트렌드는 단기, 중기, 장기라는 세 가지로 분류된다'다. 시장에는 수많은 투자자가 있는데, 이 투자자들은 다양한 시간 기준으로 장세를 바라본다.

현재 가격은 모든 투자자에게 똑같지만, 어떤 시간 기준으로 바라보느냐에 따라 의미가 달라진다. 단기 트레이더에게 최고인 매수 주문 시점은 중기 트레이더나 장기 투자자에게 최고인 시점과는 다를 수 있다.

이때 시간이란 포지션의 보유 시간이다. 포지션 보유 시간이 긴 투자자는 가격이 일시적으로 자신의 생각과 다르게 역주행해도 포지션을 쉽게 결제하지 않는다.

트렌드에는 상승과 하락이라는 방향뿐만이 아니라 강도라는 개념도 있어서, 트렌드의 강도가 약해지면 단기와 중기 트레이더들은 결제를 한다. 장기 투자자가 장기간의 상승 트렌드를 바라보고 있을 때, 그 트렌드가 약해졌다고 판단한 중기 투자자는 매도 결제를 하는 것이다. 그로 인한 일시적인 가격 하락이 장기 트렌드에 일시적인 하락을 유발한다. 마찬가지로 단기 트레이더들은 중기 투자자가 바라보는 트렌드를 일시적으로 변동시킨다.

두 번째는 '트렌드는 총 거래량을 통해서라도 확인해야 한다'이다. **여기서 총 거래량이란 매매가 성립한 건수다. 주식투자라면 매매가 이루어진 주식의 수를 쉽게 알 수 있다(외환차익거래에서는 총 거래량을 알 수 없다). 총 거래량이 많다면 매매하는 투자자들이 많다는 증거이며, 총 거래량이 증가했다면 장세의 규모가 커졌음을 알 수 있다.**

흥미롭게도 총 거래량이 감소했는데 현재 가격은 상승하는 일이 자주 있다. 차트를 보면 현재 가격은 상승하고 있으므로 많은 투자자가 가격이 더 오를 것으로 생각해서 매수 주문을 넣는다. 그러나 생각과 달리 가격이 더 오르지 않고, 오히려 급락해서 큰 손해를 보고 마는 투자자가 많이 나오는 타이밍이다.

투자에 한정하지 않더라도, 일반인은 주변의 흐름에 합류해서 이익을 얻으려는 경향이 있다. 그러나 본질을 제대로 직시하지 않으면 오히려 손해를 보므로 조심해야 한다.

오실레이터(oscillator)라는 지표가 있다. 장세의 강약을 나타내는 지표다. 매수가 지나치게 많거나 매도가 지나치게 많으므로 주의할 필요가 있음을 보여준다. 오실레이터에서는 총 거래량과 가격 변동이 연동되므로, **이 법칙의 관점으로 본다면 '트렌드는 오실레이터를 통해서라도 확인해야 한다'라고 할 수 있다.**

세 번째는 '트렌드는 명확한 전환 신호가 나타날 때까지 계속된다'이다. 장세에서 가장 중요한 것은 현재의 가격이라는 대전제가 있다. 그리고 현재 가격이 앞으로 오를 것인지 내릴 것인지가 수익과 직결된다. 또 현재의 가격이 오를 것인지 내릴 것인지에 대한 판단은 과거의 가격 변동과 현재의 장세 상황을 통해서만 알

①~⑦에서 투자자의 심리를 생각해 보자

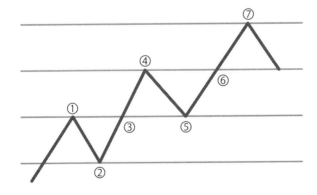

수 있다.

그러므로 과거의 차트에서 나타나는 변화 지점을 보고 그 이유를 확실히 이해해야 한다. 그러나 기본적으로는 모든 투자자가 변화 지점을 주목하므로 그곳에 주문이 집중되는 경향이 있다.

앞의 차트에서 그래프가 꺾이는 지점마다 투자자들의 심리가 어떻게 변화하는지 설명하겠다.

①에서는 가격이 내려갔다. 가격이 이 고가를 뛰어넘을 것으로 생각한 투자자보다 이 고가를 뛰어넘지 않을 것으로 생각한 투자자가 더 많았기 때문이다.

②의 지지선에서는 가격이 더 이상 내려가지 않고 반등이 시작된다.

②에서 ③으로 가격이 상승하면서, 투자자들은 가격이 그 전의 고가였던 ①을 뛰어넘을지 여부를 주목하게 된다. ①과 같이 하락할 가능성이 있으므로, 매수 포지션을 가지고 있던 투자자 중에서 일단 매도 결제를 하고자 하는 투자자도 있다.

여기서 장기 투자자 또는 가격이 ①을 넘는다면 새로 포지션을 구성하고자 하는 투자자들이 ①과 같은 약간의 고가에서 매수 주문을 집중적으로 넣는다. 그리고 장기 투자자들은 자금을 더욱 추가한다.

한편 ①에서 ②를 향한 가격 변동을 하락 트렌드라고 판단해서 포지션을 구성한 투자자들도 있다. 이 투자자들의 경우는 ②에서 ③으로 가격이 상승하는 동안 보유 종목의 가치로 인한 잠재적 수익이 점점 감소한다. 만약 ③을 넘어 가격이 상승한다면 손절 매수 주문을 넣어야 할 것으로 생각하는 상태다.

따라서 ③의 지점에서 가격이 그 전의 고가인 ①을 넘으면 이 투자자들의 주문이 쇄도해서 가격이 다시 변동한다.

참고로 중요한 고가를 넘어 가격이 상승하거나, 반대로 중요한 저가를 넘어 가격이 하락하는 국면을 노리고 매매하는 수법을 브레이크아웃(break out)이라고 한다. 그러나 그저 고가(또는 저가)를 넘었다는 이유만으로 브레이크아웃을 실행하는 투자자들이 많은 것이 문제다. 이러한 이유만으로 주문하면 승률이 올라가지 않고 오히려 나빠진다. 주문이 집중되는 지점을 확실히 알아야 브레이크아웃을 효과적으로 실시할 수 있다.

이 차트에서는 ③을 일단 넘어간 후 가격이 상승해서 ④까지 올랐다. 여기서부터는 ④에서 충분히 이익을 얻었다고 생각하는 단기 트레이더와 과거의 차트 분석을 참고하며 매도 결제를 하는 투자자가 나와 트렌드가 힘을 잃는다. 그 결과 일시적으로 가격이 내려가는 경우가 많다.

④의 시점에서 신규 매도 주문을 하는 투자자도 나와 가격은 ⑤

를 향해 더욱 내려간다. 그리고 ①의 가격은 '과거의 중요한 고가'에서 지지선으로 바뀐다. ④에서 ⑤로 가격이 내려가면서 ⑤의 선(①과 같은 가격, 즉 지지선)의 조금 위에는 이 가격에서 그래프가 반전될 것을 기대한 매수 주문이 이루어진다.

이때에도 장기 투자자들은 매수를 늘릴 절호의 타이밍이라고 생각해서 매수 주문을 넣는다. 이 매수 주문도 함께 작용해서 가격 하락 경향이 점차 꺾이고, 그것을 감지한 투자자들이 더욱 매수 주문을 넣는다. 그 결과 ⑤에서 가격이 반전되어 ⑥을 향해 상승한다.

설령 ⑤의 가격보다 내려갔다고 해도 매수의 관점에서 보는 투자자들은 ②를 최종선이라고 생각해, 그전까지 내려가던 가격이 반등하면 매수 주문을 넣는다.

이 차트에서는 ⑥을 넘어간 가격이 ⑦까지 올라가고, ⑦에서 하락으로 전환된다. 트렌드가 길게 이어질 때는 장세에 반영되는 투자자들이 늘어나고, 한꺼번에 결제하는 '차액 벌이 시기'가 되어 가격이 급락할 가능성이 있다. 이러한 일도 고려하며 주의를 기울여야 한다.

지금까지 살펴본 바와 같이 트렌드는 한 번 발생하면 그 형태가 완전히 무너질 때까지, 즉 상승 트렌드라면 고가를 경신하지 못하게 될 때까지 계속된다.

["3-9"]
그랜빌의 법칙을 이해하자

이 항목의 3가지 핵심

1 그랜빌의 법칙도 기억해 두는 것이 좋다.
2 여덟 가지의 매수 국면과 매도 국면을 기억하자.
3 투자자의 심리와 매매 국면의 관계를 이해하자.

투자로 안정된 수익을 올리는 일이 목표라면, 그랜빌의 법칙은 반드시 기억해 둬야 한다. 단적으로 말하면 주가와 이동평균선의 위치 관계를 통해 주문할 시기를 알아내는 법칙이다.

그랜빌의 법칙은 1960년대 미국의 조셉 그랜빌이라는 증권 애널리스트가 발견했다고 한다. 그랜빌은 200일 이동평균선의 기울기를 이용해 주가가 상승 트렌드가 될지 하락 트렌드가 될지 판단하고, 매수 주문을 할 시기와 매도 주문을 할 시기를 여덟 가지 기본형으로 제시했다.

당시에는 지금과 같이 누구나 쉽게 차트를 분석할 수 있는 환경이 갖춰져 있지 않았으므로 200일 이동평균선을 이용했다. 그러므로 반드시 200일 이동평균선이어야 하는 것은 아니다. 투자자 심리와 시장 심리의 관점에서 그랜빌이 주장한 여덟 가지 기본형을 기억해 두면 좋을 것이다.

그랜빌의 법칙도 승률 100%는 아니다. 반드시 성공하는 법칙이나 방법은 없다고 몇 번이고 말했다. 그러나 승률을 조금이라도 높이기 위해서라도 장세의 원리원칙을 가르쳐 주는 그랜빌의 법칙은 중요하다. 올바르게 이해해 두자.

그랜빌의 법칙을 소개하기 전에 중요한 이야기를 하겠다. 기술적인 징후는 항상 들어맞지는 않는다고 이미 언급했다(133페이지 참고). 그랜빌의 법칙도 마찬가지다. 원인은 여러 가지인데, 이 법칙을 아는 대형 투자자들이 법칙을 이용해 수익을 확정하려 하는 일이 원인인 경우가 많다.

이어서 설명하겠지만 한 예로 그랜빌의 법칙에는 '매수①'이라는 기본형이 있다. 그리고 '이동평균선이 아래 또는 옆으로 움직이고 현재 가격이 이동평균선보다 아래에 있다면, 현재 가격이 상승해 이동평균선을 아래에서 위로 관통할 때'가 매수 주문의 기회라는 것이다.

그러나 이 타이밍에서 매수를 했는데 가격이 하락하고 마는 경우가 있다. '매수①'의 기본형에서 신규 매수 주문을 넣는 투자자들이 많다는 사실을 대형 투자자들이 알고 있기 때문에 '매수①'보다 한발 먼저 이미 매수 포지션의 수익 확정 매도를 해 버리는 것이다.

물론 그랜빌의 법칙을 따라 매수해도 괜찮을 뿐 아니라, 그렇게 하는 것이 좋다. 그러나 100% 확실하게 돈을 벌 것으로 생각하지 말고, 예상을 빗나갈 경우의 손절도 확실히 생각한 후에 매수 주문을 넣어야 한다.

이제 여덟 가지 기본형을 소개하겠다.

우선 네 가지 매수 패턴이다.

매수①《기본적인 매수》

1. 이동평균선이 하락 또는 보합
2. 가격이 상승
3. 가격이 이동평균선을 아래에서 위로 관통하는 국면

매수②《일시적으로 하락할 때 매수》

1. 이동평균선이 상승
2. 가격이 하락
3. 가격이 이동평균선보다 낮음

4. 이동평균선이 계속해서 상승 중

5. 곧바로 가격이 상승해 이동평균선에 접근하는 국면

매수③《추가 매수》

1. 이동평균선이 상승

2. 가격은 이동평균선보다 높음

3. 가격이 이동평균선에 접근

4. 가격이 상승 중인 이동평균선보다 내려가지 않고 상승하는 국면

매수④《스스로 반발 매수》

1. 이동평균선이 하락

2. 가격은 이동평균선보다도 낮음

3. 가격이 더욱 크게 하락(이동평균선과 가격의 괴리가 커짐)

4. 가격이 상승으로 전환되는 국면(가격은 이동평균선으로 돌아오는 특성이 있음)

이어서 네 가지 매도 패턴이 있다.

매도①《기본적인 매도》

1. 이동평균선이 상승 또는 보합

2. 가격이 하락

3. 가격이 이동평균선을 위에서 아래로 관통하는 국면

매도②《다시 올랐을 때 매도》

1. 이동평균선이 하락

2. 가격이 하락

3. 가격이 이동평균선보다 높아짐

4. 이동평균선이 계속해서 하락 중

5. 곧바로 가격이 하락해 이동평균선을 향하는 국면

매도③《추가 매도》

1. 이동평균선이 하락

2. 가격은 이동평균선보다 낮음

3. 가격이 이동평균선에 접근

4. 가격이 하락 중인 이동평균선보다 올라가지 않고 다시
   하락하는 국면

매도④《스스로 반발 매도》

1. 이동평균선이 상승

2. 가격은 이동평균선보다도 높음

3. 가격이 더욱 크게 상승(이동평균선과 가격의 괴리가 커짐)

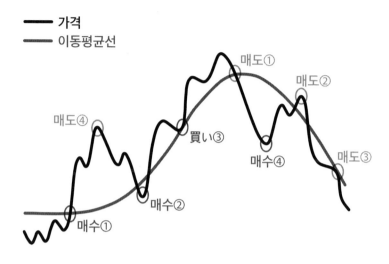

4. 가격이 하락으로 전환되는 국면(가격은 이동평균선으로 돌아오는 특성이 있음)

그림을 참고하며 생각해 보자. '매수①'뿐만이 아니라 다른 기본형에서도 신호가 들어맞지 않는 일은 반드시 있다. 그 사실을 항상 염두에 두고 리스크를 확실히 관리하면서 그랜빌의 법칙을 따라 매매하면 수익이 커질 확률이 올라갈 것이다.

골든크로스와 데드크로스의 의미

가령 오늘의 가격이 20일 이동평균선보다 위에 있다면, 지난 20일 동안 매수 주문을 한 주식을 보유하고 있는 투자자들은 평균적으로 수익을 올리고 있다.

반대로 지난 20일간 공매도 주문을 한 투자자는 평균적으로 손해를 보고 있다.

이동평균선을 이용한 대표적인 매매 신호로 골든크로스와 데드크로스가 있다. 현재 가격이 이동평균선을 아래에서 위로 관통하는 시기가 골든크로스이고, 현재 가격이 이동평균선을 위에서 아래로 관통하는 시기가 데드크로스다.

골든크로스는 기존에 매수 주문 쪽에서 마이너스였던 손익이 플러스가 되는 전환점인 동시에, 기존에 매도 주문 쪽에서 플러스였던 손익이 마이너스가 되는 전환점이다.

반대로 데드크로스는 매수 주문 쪽에서 플러스였던 손익이 마이너스가 되는 전환점인 동시에, 기존에 매도 주문 쪽에서 마이너스였던 손익이 플러스가 되는 전환점이다.

지금 보유 중인 종목의 손익이 플러스인지 마이너스인지는 모든 투자자에게 중요한 관심사다. 그러나 지금까지 마이너스였던 가치 손익이 플러스가 되고, 지금까지 플러스였던 가치 손익이 마이너스가 되는 것도 심리적으로 이후 매매에 매우 중요한 영향을 준다.

매수 주문으로 보유한 투자자는 골든크로스 전에는 언제 손절할지 고민하지만, 골든크로스가 발생하면 그와 동시에 수익을 늘리기 위해 매수 주문을 추가해서 언제 수익을 확정할지 생각하게 된다.

데드크로스의 경우에는 완전히 반대가 된다. 매수 주문으로 보유했던 투자자는 데드크로스 전에는 안심하고 포지션을 유지하지만, 데드크로스가 되면 빨리 결제하고자 하고, 마이너스로 전환되고 만 후에는 손절을 검토하게 된다.

이 설명에서 알 수 있듯 일반적으로는 골드크로스를 매수 신호, 데드크로스를 매도 신호라고 한다.

골든크로스와 데드크로스

트렌드를 읽고 수익을 올리는 일은 투자에서 안정되게 수익을 얻기 위한 중요한 방침 중 하나다. 상승 트렌드는 봉이 최고가를 경신하고, 그것이 계속되며, 이동평균선도 우상향으로 계속 상승하는 상태다. 특히 강력한 상승 트렌드는 가격의 위치도 계속 이동평균선 위쪽에 있다.

그러나 실제 장세에서는 그렇게 쉽게 트렌드를 읽어내지 못하기도 한다. 신호와 실제 장세가 달라서, 매수 신호라고 생각했는데 실제로는 상승 트렌드가 발생하지 않고 곧바로 하락으로 전환되고 마는 일도 있기 때문이다.

그렇다고는 해도 자금과 리스크를 확실히 관리하고 손해를 보지 않도록 주의하면서 골든크로스와 데드크로스 등 트렌드가 발생할 확률이 높은 지점에서 주문하는 자세는 중요하다. 이동평균선은 트렌드의 발생을 높은 확률로 읽어낼 수 있는 기본적인 분석 방법이므로, 확실히 기억해 두자.

칼럼 틀린 신호

'틀린 신호'가 나타나는 경우가 있다.

이동평균선을 이용한 골든크로스나 데드크로스 등 유명한 매매 지점, 많은 투자자가 주목하는 지점임에도 실제 국면은 신호대로 진행되지 않는 것이다.

다음 페이지의 그림(트렌드일 때 신호가 틀림)에 대한 간략한 설명 인데, 검은 선을 추세선(트렌드라인)이라고 한다. 'O' 두 개를 연결 한 선이다.

트렌드가 계속되는 경우 가격이 추세선보다 아래로 내려가지 않고 추세선 위에서 움직이는데, '□' 부분은 검은 선보다 아래로 내려갔다.

이 시점에서 이 트렌드는 끝났다고 생각해서 매도에 들어가는 사람들도 많을 것이다. 그러나 장세는 다시 트렌드를 향해서 복귀 한다.

가격 변동이 이론을 따르지 않는 것이다.

《예》트렌드 시 신호가 틀림

조금 비어져 나오는 일도 있음

《예》골든크로스가 틀림

가격이 이동평균선을 뚫고 오르는 골든크로스 매수 지점이었으나, 그 후 하락

칼럼 물타기는 절대 해서는 안 되는 주문 방법

물타기는 절대 하면 안 된다고 말해 두고자 한다.

물타기란 매수한 종목의 가격이 하락했을 때, 그 종목을 추가로 매수해 평균 매수 단가를 낮춤으로써 플러스로 전환되는 선을 낮추는 방법이다.

《예》

① 100주를 10,000원에 샀다.

② 주가가 9,000원이 되고 말았다.

③ 가치가 하락했으므로 주가가 1,000원 다시 오르지 않으면 수익이 나지 않는다.

④ 9,000원에 100주를 추가 매수한다.

⑤ 이제 200주를 보유한 상태. 평균 주가는 9,500원이다.

⑥ 주가가 500원만 더 오르면 손실을 해소할 수 있다.

그러나 이것은 최악의 매수 방법이다. 때에 따라서는 한 번에 큰 손실을 보고 투자를 그만두게 될 수 있기 때문이다.

물타기는 파동을 수익으로 바꾼다는 사고방식과는 정반대다. 오를 줄 알았던 종목이 떨어져서 손해를 보는 일은, 파동에 편승하는 자세를 가지고 있을 때도 일어날 수 있으므로 어쩔 수 없다. 프로들도 자주 겪는 일이다.

최악은 손해를 보았음에도 자금을 더욱 투입하는 일이다.

파동을 수익으로 바꾸려 해도 파동의 전환을 잘못 판단해서 실패하는 일이 있다.

그때 무엇보다 중요한 것은 실패를 인정하고 바로 손절해야 한다는 점이다.

로스컷과 강제 로스컷

로스컷이란 손절을 뜻한다. 그리고 로스컷에는 자신의 매매가 잘못되었음을 깨달았을 때나 큰 손실을 회피하고자 할 때 스스로 실시하는 로스컷과 증권사나 외환 중개 회사가 정한 규칙을 따라 실시되는 강제 로스컷이 있다.

'외환차익거래는 리스크를 통제하기 쉬운 거래다'라고 하는데, 그 이유 중 하나가 외환차익거래에는 로스컷 시스템이 갖춰져 있기 때문이다.

그러면 로스컷이란 대체 무엇일까?

강제 로스컷은 증권사나 외환 중개 회사마다 다르지만 원칙적으로는 자신의 투자 자금에 대한 손실액 등으로 계산한다. 증거금 유지율이라고 해서 시가 평가 총액에 대한 필요 증거금 비율 등으로 측정하는 경우가 많다.

신용거래, 외환차익거래, 선물거래 등에서는 증권사나 외환 중개 회사에서 돈을 빌려 레버리지를 걸기 전에, 강제 로스컷을 당하지 않도록 여유 자금을 확보하는 태도가 중요하다.

주식투자 1년차부터
큰 손해를 보지 않기 위한
8가지 법칙

주식투자할 때 '어떻게 돈을 벌 것인가' '어떻게 자산을 늘릴 것인가'에 집중하기 쉽지만,
숙련된 투자자들이 중시하는 것은 '어떻게 실패하지 않을 것인가' '어떻게 리스크를 관리
할 것인가'라는 수비의 측면이다. 여기서는 투자자가 수비할 때의 태도를 설명하겠다.

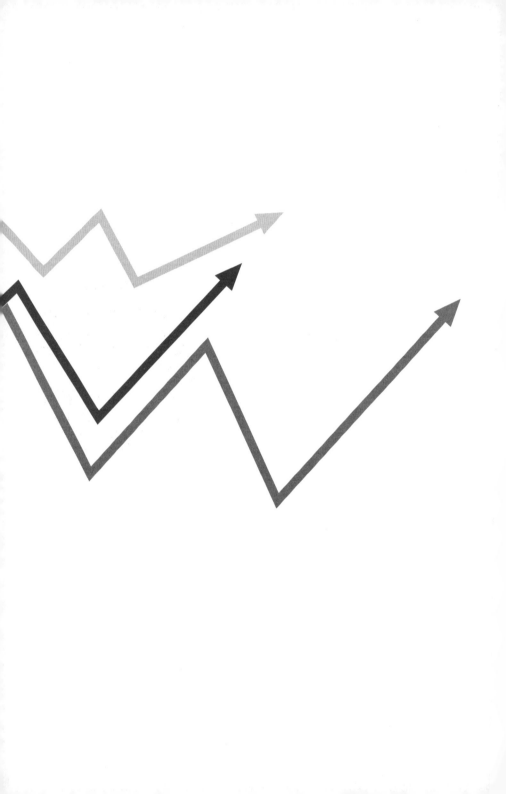

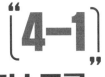

리스크를 두려워하지 말자

1 '노 리스크'는 피하자. '노 리스크'는 위험하다.
2 돈을 벌기 위해서는 반드시 리스크를 감수해야 한다.
3 리스크와 리턴의 관계를 이해하자.

'리스크가 있으니까 그만두자.'

사회인이라면 누구나 한번은 들어 본 말일 것이다.

리스크(risk)라는 말은 일상적인 대화에서는 '위험한 것' 또는 '피해야 할 것'이라는 느낌으로 사용한다. '노 리스크(no risk)'라고 하면 '위험하지 않은 것' 또는 '안전한 것'이라는 인상을 받는 사람들이 많다. **그러나 투자자로서 자립하고 싶다면 이러한 사고방식을 고쳐야 한다.**

투자의 세계에서도 '원금 보장'이라는 조건으로 금융상품을 판매하는 업체들이 있다. 그러나 인터넷에서는 '원금 보장' '환불 보장'이라는 말에 사람들이 쉽게 매료되는 문구를 교묘히 사용해서 사기나 다름없는 영업을 하는 회사들도 있으므로 주의해야 한다.

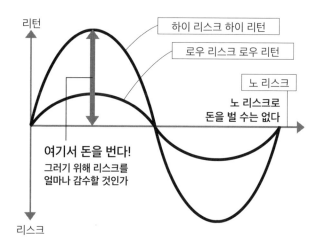

여기서 단언하는데, 프로투자자들의 세계에서는 '리스크'라는 말을 '위험한 것'이나 '피해야 할 것'이라는 의미로 쓰지 않는다. 이곳에서 리스크는 '변동률'을 뜻하며 실제로도 그렇게 말한다. 요컨대 '진폭'인 것이다.

하이 리스크(high risk), 로우 리스크(low risk)라는 말을 쓴다. 진폭이 크면 하이 리스크, 작으면 로우 리스크다. 하이 리스크 하이 리턴(high risk high return)이라면 진폭이 큰 만큼 보상도 크고, 로우 리스크 로우 리턴(low risk low return)이라면 진폭이 작은 만큼 보상도 작아진다.

142

문제의 '노 리스크'는 '진폭이 없음'이라는 뜻이다. 보상은 진폭에서 나오므로, 노 리스크로는 보상을 얻을 수 없다. 투자의 세계에서 노 리크스는 노 리턴, 즉 '돈을 벌지 못한다'는 뜻이다. 그러므로 '원금을 보장하며 자산을 두 배로'라는 광고 문구는 무언가 꿍꿍이가 있다고 의심해야 한다. 노 리스크는 결코 안전하다는 뜻이 아니다. 주의하자.

다시 한번 말하는데 리스크는 진폭이다. 가격이 위아래로 변동한다는 뜻이므로 그 자체는 무서울 것이 없다. 트레이드에서는 가격의 상하 변동이야말로 수익의 원천이다. 다시 말해 리스크는 돈벌이의 원천이다. 아무리 실력이 좋은 프로 트레이더가 와도 가격이 전혀 변동하지 않는 시장에서는 단 1원도 벌 수 없다.

그러므로 투자에서 이익을 얻기 위해서는 리스크가 반드시 필요하다. 투자 초보자가 우선 기억해야 할 것은 리스크는 회피의 대상이 아니라 관리의 대상이라는 것이다. 리스크 관리란 큰 손해를 피하는 한편으로 강약을 조절하는 트레이드를 계속해 나가는 것이다. 리스크를 관리함으로써 큰 자산을 마련할 수 있다.

트레이드의 목적은 돈을 버는 일, 바꾸어 말하면 리턴을 얻는 일이다. 리스크와 리턴은 동전의 양면과 같아서, 하이 리턴을 원한다면 그 뒷면에는 하이 리스크가 있다. **눈 깜짝할 사이에 자금을 두 배로 늘릴 수 있는 투자 방법은 눈 깜짝할 사이에 자금을 모두 잃을 수 있는 투자 방법이기도 한 것이다.** 한편 지나치게 로우 리스크인 투자만 하면 리턴도 너무 작아서, 귀중한 시간과 노력을 들여 투자하는 의미가 없다. 차라리 그 시간에 아르바이트라도 하는 것이 훨씬 효율적일 것이다. 리스크를 얼마나 감수할 것인지에 대한 균형 감각이 매우 중요하다.

　주식이나 외환차익거래와 달리 '보상을 얼마나 얻을 수 있는지'가 약속된 은행 예금과 기업 채권도 있다. 은행 예금은 은행에 돈을 빌려주는 것과 같고, 채권 구입은 기업에 돈을 빌려주는 것과 같다. 은행이나 기업은 설령 적자가 난다 해도, 돈을 빌려준 사람에게 정해진 날에 이자를 쳐서 돈을 갚아야 한다.

　반면 주식이나 외환차익거래에서는 보상이 약속되어 있지 않다. 리스크는 예금이나 채권보다 크다. 그래서 그만큼 예금이나 채권보다 큰 보상을 얻을 가능성이 있다. 반대로 말하면 예금이나 채권에서는 주식이나 외환만큼 큰 성과를 얻기 어렵다.

　지금 시대에는 은행 예금이나 채권으로 돈을 불리려 해도 이자율이 낮기 때문에 수익이 거의 없다. 스스로 리스크를 관리하며 예금이나 채권보다 큰 리턴을 얻으려는 의지를 가지는 일이, 자산 형성이라는 관점에서는 아주 중요하다. **그러기 위해서는 리스크가 회피의 대상이 아니라 관리의 대상임을 반드시 이해해야 한다.**

　리스크 관리에 도움이 될 수 있도록, 주식투자와 외환차익거래의 대표적인 손실 리스크를 칼럼으로 정리했다. 부디 참고하기 바란다.

주식투자의 3가지 손실 리스크와 관리 방법

주식투자를 할 때 꼭 파악해야 할 리스크를 여기에 정리하겠다. **알아둬야 할 리스크는 세 가지다.**

가장 기본적인 리스크는 가격 변동 리스크다.

주식투자에는 현물거래와 신용거래가 있다. 대표적인 거래로는 매수 주문을 한 후 매각해서 결제하는 것이 있다. 이 경우 매수한 주식의 가격이 오르면 이익이 되고 내리면 손실이 된다.

어느 주식을 1만 원에 100주, 총 100만 원어치 샀다고 하자. 시간이 흘러 그 주식이 1만 2천 원으로 올랐다고 하자. 20만 원의 이익이 생기고, 자금은 120만 원이 된다. 반대로 8천 원으로 내려갔다고 하면 20만 원의 손실이 생기고 자금은 80만 원이 된다.

신용거래에서는 '공매도'도 가능하다. 신용거래의 경우는 매도 주문으로 이익을 볼 수도 있지만, 가격이 오르면 손실이 되므로 주의할 필요가 있다.

신용거래에서는 투자 자금을 보증금으로 삼아 증권사에 맡기고 그 보증금의 약 3.3배까지 자금을 운용할 수 있다. 이것을 레버리지라고 한다. 레버리지에는 장단점이 있음을 이해해야 한다.

현물거래의 경우는 자기 자금이 500만 원이라면 거래할 수 있는 최대 금액도 500만 원이다. 그러나 신용거래의 경우는 이 500만 원을 보증금으로 맡기면 그 약 3.3배인 1,660만 원까지 거래할 수 있게 된다. 신용거래의 장점은 이처럼 자금이 소액이라도 큰 규모로 거래할 수 있다는 것이다.

그러나 이 부분은 그대로 단점이 되기도 한다. 자기 자금의 경우, 500만 원으로 어느 종목을 사서 250만 원의 손실을 냈다면 손 안에 남는 자금은 250만 원이다. 단순한 뺄셈이므로 설명은 필요 없을 텐데, 어떤 경우든 자기 자금보다 더 큰 손해를 보는 일은 없다는 뜻이다.

그러나 신용거래의 경우 레버리지가 3배라면, 주가가 똑같이 하락해도 그 3배인 750만 원의 손실을 입고 만다. 자기 자금이 500만 원밖에 없으므로 최종적으로는 250만 원의 빚을 지게 되는 것이다. 이 액수가 지나치게 크면 빚을 갚지 못하는 투자자들도 나오므로, 증권사는 강제 청산을 하거나 더 많은 보증금을 요구한다. 이것을 추가 증거금이라고 한다. 증권사에 따라 증거금 유지율이 다르게 설정되어 있으며, 손실 때문에 증거금이 그보다 적어지면 추가 증거금을 입금해야 한다. 입금하지 못하면 거래는 거기서 종료되고 로스컷(강제 청산)이 이루어진다. 이것이 신용거래의 단점이자 리스크다.

투자에서 가장 중요한 것은 큰 손실을 보지 않기 위해 자금과 리스크를 관리하는 일이라고 여러 번 말했다.

그러므로 투자 자금을 절반 이상 날리는 도박과 같은 투자는 아예 하지 않는 것이 기본이다. 다만 이러한 리스크가 존재한다는 사실은 파악해 두자.

두 번째는 기업 도산의 리스크다. 주식시장에서는 상장한 기업의 주식을 매매하므로 도산이 자주 일어나지는 않는다. 그러나 만에 하나 기업이 도산하거나 상장 폐지되면, 보유하고 있던 개별 종목의 주가는 급락해서 휴지 조각이나 다름없는 가치가 되므로 주의할 필요가 있다.

뉴스에서 기업의 도산이 발표되면 그 기업의 주식을 팔려는 투자자들이 몰려든다.

그러나 매매는 사는 쪽과 파는 쪽이 모두 존재해야 성립하므로 이 매도 주문은 확정되지 않는다. 기업의 도산 정보가 발표된 시점에서 곧바로 매도 주문을 해도 결제가 완료되지 않는 일이 많으므로 주의해야 한다.

평소에 신문과 인터넷 등으로 정보를 수집하고, 위험한 조짐이 보이면 일찍 청산하는 것이 유일한 대책이다.

주식투자자가 또 하나 이해해야 할 리스크는 유동성이다. 유동성이란 현금으로 바꿀 수 있는 정도를 뜻한다. 요컨대 많은 투자자가 그 종목에 자금을 투입했는지, 다시 말해 매매가 활발한지 여부다. 많은 투자자가 자금을 투입하면 유동성이 높고, 적은 투자자들만이 자금을 투입하면 유동성이 낮다.

현금으로 바꾸기 어렵다는 것은 그 종목을 사 주는 투자자가 적다는 뜻이다.

즉 유동성이 낮은 종목은 팔고 싶을 때 쉽게 팔 수 없는 경우가 있다. 그렇게 되면 적정한 수준에서 손절하지 못해 예상치 못한 큰 손실로 이어질 수 있다.

어느 종목을 10,000원에 1,000주 매수했다고 하자. 마음이 바뀌어서 이 종목을 9,950원에 매도하려고 하는데, 유동성이 낮아서 9,800원에야 겨우 매도할 수 있는 경우가 있다. 9,950원에 매도했다면 50,000원의 손실로 끝났을 텐데 9,800원에 매도하는 바람에 200,000원의 손실을 보게 되는 것이다.

회사의 도산 리스크에 대한 부분에서도 언급했듯 매매에서는 팔려는 사람과 사려는 사람이 모두 있어야 하고, 양쪽의 값이 들어맞지 않으면 매매가 성립하지 않는다. 유동성 리스크는 당연한 원리지만 잊어버리기 쉬우므로, 여기서 강하게 주의를 환기하는 것이다.

가격 정보를 보면 총 거래량이 기재되어 있으므로 그것을 바탕으로 유동성 리스크를 판단하고 관리할 수 있다.

외환차익거래의 9가지 손실 리스크와 관리 방법

외환차익거래(FX)를 할 때 반드시 기억해야 할 리스크가 있다. 외환차익거래를 도박이라고 생각하는 사람들도 있지만, 리스크를 확실히 파악하면 안정되게 수익을 올릴 수 있으므로 결코 도박이 아니다. 다만 리스크를 파악하지 않고 거래하면 주식 현물거래보다 큰 손실을 볼 위험이 있으므로, 그러한 일을 피하기 위해서라도 리스크를 확실히 파악해 두자. 외환차익거래에서 관리해야 할 리스크는 아홉 가지다.

첫째는 신용 리스크다. 여기서 신용은 외환 중개 회사에 대한 신용이다.

즉 중개 회사도 도산하는 경우가 있다는 뜻이다. 현재 외환 중개 회사들은 신탁보전이라고 해서 회사의 운영 자금과 투자자들이 맡긴 운용 자금을 서로 다른 계좌에 보관한다. 만에 하나 회사의 경영이 악화되어 회사 운영 자금이 없어져도 투자자들의 운용 자금은 확실히 지키도록 의무화되어 있는 것이다.

그러나 외환 중개 회사는 전 세계에 있다. 일본에서는 레버리지가 25배라는 규칙이 있지만 외국 회사 중에는 레버리지가 400배 이상인 곳도 있다.

레버리지가 높다는 것은 적은 자금으로도 큰 수익을 올릴 가능성이 있다는 뜻이다. 그래서 레버리지가 큰 외국 회사에 계좌를 개설해서 운용하는 사람도 많다. 그러나 외국 회사에는 신탁보전이라는 규칙이 적용되지 않는 경우가 대부분이어서, 만약 자신이 계좌를 개설한 외국 회사가 도산하면 자신이 맡긴 투자 자금도 잃게 될 수 있다.

자국의 법률이 적용되는 회사에서 거래하면 신용 리스크를 관리할 수 있다.

둘째는 전자 거래 리스크다. 이제 외환차익거래는 온라인으로 실시하는 것이 일반적이다. 전자 거래 리스크는 온라인 거래가 전자 기기를 통해 이루어지기 때문에 발생하는 리스크다. 가령 외환 중개 회사의 서버가 다운되거나, 인터넷 연결이 끊기거나, 스마트폰 앱이 에러 나거나, 컴퓨터가 고장 난 탓에 거래할 수 없게 되는 경우가 있다.

그 사이에 환율이 자신의 포지션과 반대로 움직여서 큰 손실을 볼 위험이 있다.

전자 거래 리스크는 두 곳 이상의 대형 외환 중개 회사를 통해 거래하면 관리하기 쉽다. 자신 쪽에서도 만약의 고장을 대비해서 컴퓨터나 인터넷 회사를 이원화하는 대책을 세울 수 있다(물론 그만큼 돈이 들기 때문에 잠재적인 손실액과 비교해서 결정해야 한다).

셋째는 유동성 리스크다. 외환차익거래에서 유동성이란 통화의 유동성이며, 통화의 유동량이 많을수록 유동성이 높다. 미국 달러, 유로, 엔은 유동량이 매우 많은 통화의 대표적인 예다. 유동량이 많으면 자신이 원하는 시점에 매매가 쉽게 성립한다.

반면 남아프리카공화국 랜드나 터키 리라 등 시장에서 유동량이 적은 통화는 팔려고 해도 팔리지 않는 상황이 발생해, 한 번 손실이 발생하면 그 손실이 예상보다 커질 위험이 있다.

유동성 리스크는 달러, 유로, 엔 등 유동성이 높은 통화로 거래하면 해소할 수 있다.

넷째는 금리 변동의 리스크다. 여기서 말하는 금리는 정책금리다. 정책금리란 각국의 중앙은행이 그 나라의 금융시장을 조정하기 위해 결정하는 금리로, 공정보합이라고도 한다. 금리가 높은 나라에 투자하면 이자도 높아지므로, 일반적으로는 그 나라의 통화를 매수하는 기업과 투자자가 많아진다. 금리가 높은 나라에 돈이 모여드는 경향이 있는 것이다. 그러므로 한 나라가 금리를 조정한 결과로 장세가 변화하는 경우가 있다. 그 일이 예상치 못한 타이밍에 일어나면 장세가 혼란스러워지기도 한다.

거기에 말려들면 이득을 볼 수도 있지만 큰 손해를 볼 수도 있다. 어느 쪽이든 스스로 조절할 수 없으므로, 말려들지 않도록 주의해야 한다.

금리 변동의 리스크는 자국을 포함해 각국의 정책금리 정보를 수집해서 오를지 내릴지 파악하고, 오를 듯한 통화는 매수 경향이 있고 내려갈 듯한 통화는 매도 경향이 있음을 기억해 두면 관리할 수 있다.

다섯째 리스크는 환율 변동 리스크다. 환율 변동 리스크는 가격이 소위 역방향으로 움직일 때 손실을 보는 리스크다. 이 리스크는 외환차익거래를 할 때 반드시 따라다니는 리스크다. 자신이 매수 주문을 할 때 가격이 내려가면 손해를 보게 된다. 외환 시장은 평

일에는 24시간 움직이므로, 포지션을 가진 상태에서 일을 하거나 잠을 자느라 눈을 뗀 동안 가격이 크게 역방향으로 움직이면 큰 손실이 생기므로 되므로 주의해야 한다.

투자에서 매번 100% 수익을 올리는 방법은 존재하지 않는다. 그러므로 환율 변동 리스크의 경우, 확실한 리스크 관리와 자금 관리를 통해 큰 손실이 생기지 않도록 하는 수밖에 없다. 이 부분은 본문에서도 몇 번이고 설명했다.

환율의 변동은 확실히 리스크다. 그러나 변동이 있기에 수익도 있는 것이며, 우리가 시간과 장소의 제약을 받지 않고 투자할 수 있는 것이다.

여섯째 리스크는 레버리지 리스크다. 외국에서는 400배를 넘는 레버리지도 존재하고, 일본에서도 최대 25배까지 레버리지를 걸어 거래할 수 있으므로 적은 자금으로도 큰 수익을 올릴 수 있다. 그러나 그만큼 손실도 커진다. 외환차익거래에서는 투자 자금을 외환 중개 회사에 증거금으로 맡기고 그 증거금을 담보로 거래한다. 맡긴 증거금보다 더 큰 손실이 발생하는 일도 종종 있다.

레버리지의 리스크의 경우, 증거금과 비교해서 지나치게 큰 포지선을 가지지 않으면 만약의 사태가 벌어져도 손실을 감당할 수 있을 확률이 높아진다. 그러므로 증거금에 비해 지나치게 큰 포지션을 가지지 않도록 주의하면 된다.

일곱째 리스크는 로스컷 리스크다. 로스컷(손절)이란 잠재적인 손실이 발생했을 때 손실이 그보다 더 커지지 않도록 결제해 버리는 일이다. 그러나 로스컷이 기능하지 않는 경우도 있다. 가령 역지정가 주문으로 로스컷을 설정한 경우라도, 장세가 급변해서 매매가 성립하지 않을 수도 있고, 주말을 끼고 환율에 괴리가 발생해서 역지정가 주문을 받을 상대가 없어지기도 한다. 로스컷이 불가능해지면 예상보다 큰 손해를 보게 된다.

로스컷 리스크의 관리 방법은 레버리지 리스크의 경우와 같다.

여덟째 리스크는 강제 청산 리스크다. 외환차익거래에서는 증거금 유지율이라는 지표가 있고, 그 지표를 유지하지 못하면 강제 청산이 이루어진다.

증거금 유지율이란 자신이 맡긴 증거금에 대해 자신이 가진 포지션의 여유가 충분한지 나타내는 수치로, 외환 중개 회사의 관리 화면이나 앱에서 확인할 수 있다. 계산식은 회사 홈페이지 등에 있으므로 제대로 확인해 두자. 강제 청산의 리스크를 관리하는 방법은 레버리지 리스크와 같다.

아홉째는 슬리피지 리스크다. 자신이 주문하고 싶은 가격과 실제 약정한 가격이 서로 달라지는 일이 있는데, 이것을 슬리피지 (slippage)라고 한다. 장세가 급변할 때는 슬리피지가 커져서, 자신이 주문하고자 했던 것과 다른 금액으로 매매되어 손해를 보는 경우가 있다.

슬리피지는 외환 중개 회사마다 다르게 설정되어 있다. 슬리피지 폭을 설정할 수 있는 회사도 있으므로 회사의 선정이 리스크 관리의 열쇠다.

“4-2”
자금 관리를
철저히 하자

———— 이 항목의 3가지 핵심

1 투자에서는 자금 관리와 리스크 관리가 중요하다.
2 투자 대상의 가격 변동에 맞춰 자금을 적절히 관리하자.
3 무슨 일이든 일어날 수 있는 시대의 적절한 리스크 관리.

주식투자에서 '실패하지 않기'는 가장 중요한 과제다. 그리고 실패하지 않는 데에 가장 중요한 것은 자금 관리다. 투자자 대부분이 투자 방법과 종목 선정에는 큰 관심이 있지만 자금 관리에는 거의 관심이 없다.

그러나 자금을 잘 관리하지 못하면 투자에서 안정되게 수익을 올릴 수 없다.

자금 관리란 자신의 투자 자금 전체에서 이번 투자에 적절한 비율의

자금을 배분하는 것이다. 포지션 관리라고도 한다. 가령 투자 자금이 총 1,000만 원이고 그중에서 300만 원으로 주식을 샀다면 '30%의 포지션을 가지고 있다'라고 표현한다.

주식투자 1년차인 투자자가 수익을 올리고자 할 때는 미래를 예상하지 않고 가격의 흐름(파동)을 순순히 따라가는 편이 좋다고 본다. 다만 한 가지 주의할 점이 있다.

바로 확실한 자금 관리다.

투자로 돈을 벌고자 하는 사람들은 언제 사야 하는지, 언제 팔아야 하는지, 무엇을 사야 하는지, 앞으로 상승할지 하락할지 등 가격의 방향성에 관심이 있다. **그러나 자금 관리를 무시하고 계속 투자하면 '가격의 방향성이 맞았는데도 실패'하는 일이 일어난다.** 상승 트렌드와 하락 트렌드 모두 상승 파동과 하락 파동을 반복하며 상승 또는 하락한다.

그리고 그 중간 과정에서는 일시적인 손실이 발생한다. 자금을 잘 관리하지 못하면 그 '일시적인 손실'이 치명적인 손실이 될 수 있다.

가령 은행에서 증권사로 1,000만 원의 자금을 옮겨 놓고, 그 1,000만 원을 외환차익거래에 한 번에 써서 달러/원을 샀다(원으로 달러를 샀다)고 하자.

달러의 상승 트렌드가 발생하면 이익을 얻을 수 있지만, 가격이 상승하기 전 일시적으로 내려가는 경우에는 변동 폭에 따라 강제 청산(로스컷)을 당할 수 있다. 그렇게 되면 그 후 찾아오는 상승 트렌드에서 포지션을 가질 수 없게 된다.

한편 투자 자금과 비교해 지나치게 소액을 투자하는 경우에는 일시적으로 가격이 내려갈 때 강제 청산을 당할 일은 없으나, 수익이 몇천 원밖에 되지 않을 것이다. 1,000만 원의 투자 자금이 있는데 몇천 원밖에 벌지 못한다면 '손해는 보지 않았지만 수익을 올릴 기회를 제대로 잡지 못했다'는 의미에서 실패다.

승률 70%의 매매 방법을 보유한 프로 트레이더라도 시장의 상황 때문에 2연패, 3연패를 하는 일이 흔하다. 때에 따라서는 4연패, 5연패를 하는 일도 있을 것이다. 그 정도로 연패하더라도 트레이드 횟수를 100번, 200번 누적해 나가면 총 합계에서는 70% 승리하게 된다.

그러나 **자금 관리를 소홀히 하면 손실을 만회하기 전에 자금이 동나 버릴 수 있다.**

유명한 자금 관리 규칙의 하나로, 투자 자금의 최대 2%를 손절 기준으로 설정하는 것이 있다. 1,000만 원의 자금으로 트레이드할 경우 1,000만 원의 2%인 20만 원을 손절 폭의 최대 액수로 설정하는 것이다.

첫 번째 트레이드에서 50만 원의 수익을 냈다면 그다음 트레이드에서는 1,050만 원의 2%인 21만 원이 손절 최대치가 된다. 반대로 첫 번째 트레이드에서 20만 원의 손실이 발생했다면 거기서 손절하고, 다음 손절 기준은 980만 원의 2%인 196,000원이 된다.

우위성과 에지가 있는 매매를 하면서 자금을 철저히 관리하면 큰 손실을 안정되게 예방할 수 있고, 가치가 떨어진 종목을 묵혀두게 되는 일도 없다.

주식이든, 외환차익거래든, 선물거래든, 가격 변동이 있는 투자 대상이라면 모두 같은 사고방식을 적용할 수 있는데, '그 투자 대상(종목)의 가격이 평균적으로 어느 정도 변동하는가?'라는 부분에서 대략적인 리스크를 추정해서 투자 자금을 결정해 나가는 방법도 있다.

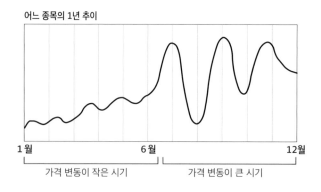

같은 500만 원 투자라도 시기에 따라 리스크가 다르다

주식투자의 경우 일본에서는 투자할 수 있는 종목이 3천 가지 이상이다. 종목이 많으므로 가격 변동이 큰 종목과 작은 종목의 변동 폭에는 상당한 차이가 있다. 그리고 하나의 종목이라도 1년 동안 관찰하면 변동이 큰 시기와 작은 시기가 있다.

가령 같은 종목을 500만 원으로 사려고 해도, 가격 변동이 큰 시기에 투자하는 500만 원과 작은 시기에 투자하는 500만 원의 리스크는 완전히 다르다.

이때 참고가 되는 것이 ATR이라는 기술지표다.

ATR이란 지정한 기간의 가격 변동 평균을 나타내는 지표다. ATR이 높으면 그만큼 주가변동성이 높다는 뜻이므로 손실 리스크도 커진다.

「4-3」
멘탈을
통제하자

이 항목의 3가지 핵심

1 욕심과 감정을 통제할 필요성을 이해한다.
2 손실이 커지는 것도 수익이 작아지는 것도 멘탈 때문이다.
3 욕심과 감정에 휘둘리지 않는 매매 규칙을 만들자.

좋아 보이는 종목을 발견해서, 그 종목이 앞으로 오를지 투자 학원 강사에게 조언을 구한 투자자가 있었다. 강사는 오를 것이라고 대답했다. 자신도 오를 것으로 생각했고 프로인 강사도 오를 것이라고 말하자, 그 투자자는 '이 종목은 확실히 오른다'라고 확신했다. 그러나 그 후 나라의 주식 전체가 예상을 깨고 내려가기 시작했다. 그 투자자는 자금 관리와 리스크 관리에 대해 공부했고, 큰 손해를 보는 일이야말로 투자에서 가장 피해야 할 일임을 알고 있었다. 그러나 강사가 오를 것이라고 말하자 그때까지의 손

해를 한 번에 만회하고 싶은 욕심이 생기고 말았다. 그래서 스스로의 규칙을 깨고 손절하지 않은 채 계속 보유하고 있다가 결과적으로 투자 인생 최대의 손실을 입고 말았다.

투자에서 안정되게 수익을 올리는 '승리하는 투자자'가 되기 위해서는 자신의 욕심과 감정, 약한 멘탈을 확실히 파악하고, 거기에 휘둘리지 않도록 자기 자신을 확실히 통제해야 한다.

몇 번이고 이야기했듯 영원히 백전백승할 수 있는 투자 방법은 존재하지 않는다. 대규모 자금을 보유하고 시장을 움직이는 기관투자자들은 큰 비용을 들여서 일반투자자들에게는 불가능한 수준으로 시장을 분석하고, 그 결과를 바탕으로 투자한다. 이러한 기관투자자들은 항상 새로운 방법을 시험하며, 이것은 시장의 불확정 요소가 된다. 그러므로 과거에 수익을 올렸던 방법으로 이번에도 확실히 수익을 올릴 수 있다는 보장은 없다. 기관투자자의 분석도 100% 들어맞지는 않는다. 그러므로 모든 투자자는 반드시 성공과 실패를 반복하게 된다. 누구나 반드시 손실을 경험하게 된다는 뜻이며, 이 점은 상당히 중요하다.

이미 가진 것을 잃을 때의 괴로움이 가지지 않았던 것을 얻을 때의 기쁨보다 더 크다고 한다. **그래서 인간은 무언가를 잃는 일을 너무나도 두려워하고, 잃었을 때는 어떻게 해서든 되찾고 싶다는 욕구를 강하게 느낀다. 그렇기에 투자에서 손실이 발생하면 적절히 손절해서 다음 투자 기회에 사용할 자금을 남겨둬야 한다는 사실을 알아도, 손**

절함으로써 손실이 확정되는 일이 두려워서 실천하지 못하는 투자자들이 너무나도 많다.

외환차익거래, 선물거래, 신용거래 등 레버리지가 있는 거래에서는 증권사나 외환중개회사가 강제로 손절하는 경우도 있다. 그러나 국내 주식이나 미국 주식 등의 '현물거래'에서는 회사가 도산하지 않는 한 강제로 손절당하거나 빚을 지게 되는 일은 없다. 그래서 국내 주식에 투자하는 사람들 중에는 가치가 하락한 종목이 언젠가 다시 원래 가치로 돌아올 것이라고 믿고 계속 보유하는 사람들이 많다.

일시적으로 가치가 하락한 종목을 그대로 가지고 있으면 가치가 다시 상승해서 이익이 되는 경우도 물론 있다. 그러나 그 '성공 경험'에 얽매여서, 손실이 확대되어 돌이킬 수 없을 때까지 계속 보유하고 있다가 결국 큰 손해를 보는 투자자들도 많다. 이것은 투자자로서 큰 실패다.

한편 큰 수익을 올릴 수 있는 국면에서 작은 수익밖에 올리지 못했다면, 이것도 투자자로서 큰 실패다. 가령 1,000만 원의 투자금으로 1년에 몇십만 원밖에 벌지 못한다면 실패다. 1,000만 원이라면 최소한 100만 원은 벌어야 한다.

돈을 벌 수 있을 때 벌지 못하는 실패에도 다시 두 가지 종류가 있다.

하나는 전체 투자 자금에 비해 지나치게 적은 금액을 투자하는 것이다. 리스크를 제대로 감수하지 않는 실패다. 투자에서는 적절한 리스크를 감수하는 일이 중요하다.

투자 대상의 평균적인 가치 변동에 따라서 달라지지만, 구체적으로는 1,000만 원의 자금이 있음에도 거래 한 번에 몇만 원 정도만을 쓴다면 투자 자금이 지나치게 적은 것이므로 적절한 수익을 올릴 수 없다. 초보자들 그리고 과거에 큰 손해를 본 적이 있는 투자자들에게 흔한 경향이다.

다른 하나는 트렌드를 읽지 못하고 어중간한 시점에 결제해서, 트렌드가 끝날 때까지 계속 보유하고 있었다면 얻을 수 있었을 이익을 다 얻지 못하는 실패다. 가치가 상승한 상태에서 계속 보유하고 있다가 하락한 경험이 있어서 이번에는 손해를 보지 않으려 하는 투자자들에게 흔하게 보인다.

손절을 하지 못하는 것, 투자 금액을 조금밖에 사용하지 않는 것, 수익을 충분히 올리지 못하는 것 모두 공포와 욕심이라는 약한 멘탈에 굴복한 결과다. 겁이 많아 보일 정도로 신중한 것은 괜찮지만, 약한 멘탈을 통제하는 일이 중요하다.

욕심과 감정을 컨트롤하는 일은 쉽지 않다. 그렇기에 더욱 매매 규칙을 만들고, 그 규칙에 따라 거래 기록을 남겨 가며 자신의 매매를 검증하고, 자신감을 가지고 규칙을 지켜나가야 한다. 욕심과 감정으로 매매하는 것이 아니라 비즈니스로서 트레이드에 임할 필요성이 여기에 있다.

"4-4"
손절은 규칙을 지키며
담담하게 실행하자

이 항목의 3가지 핵심

1 손실을 좋아하는 사람은 없지만 손절은 기계적으로 해야 한다.

2 손절하지 못하는 투자자의 슬픈 말로(末路).

3 전체적으로 성공하기 위해서 손절은 필요한 비용.

손해 보는 일을 좋아하는 사람은 없다. 그러나 투자에서는 때로 손해를 볼 필요도 있다. 중요한 것은 손실을 보지 않기 위해 노력하는 일이 아니라, 수익과 손실을 반복하면서 총 합계에서 수익을 올리는 일이다. 그 도중에 손실은 반드시 일어난다는 사실을 기억해야 한다.

앞으로 가격이 오를 줄 알고 매수 주문을 했는데, 실제로는 가격이 내려서 손실이 생기는 일이 자주 있다.

그때 손실이 더 커지지 않도록 매도 결제를 해서 손실을 확정하는 일을 손절이라고 한다.

손절을 적절하고 정확하게 실시하지 않으면 손실이 더 커질 위험이 있다. 손실이 커지면 투자 자금이 크게 줄어들어 이후 거래에 지장이 생긴다.

수익의 규모는 투자 자금의 규모에 좌우된다. 자금이 100만 원밖에 없는 투자자와 1억 원 있는 투자자는 같은 타이밍에 매수 주문과 매도 주문을 해도 버는 돈이 완전히 달라진다.

투자 자금이 10억 원이라면 연이율이 10%일 때 1억 원의 수익을 올릴 수 있다. 그러나 투자 자금이 100만 원이라면 연이율이 같아도 1년 후 110만 원이 될 뿐이다. 모두 연이율 10%이지만 투자 자금의 액수에 따라서 최종 금액이 달라진다.

그러므로 손해를 빨리 회복하기 위해서라도 큰 손실은 반드시 피해야 한다.

개별 주식 거래에서 큰 손실을 보거나 손실이 확정되는 일에 대한 공포 때문에 결제를 하지 못하는 투자자들이 있다. 주식투자에서는 해당 종목의 기업이 도산이라도 하지 않는 한 주가가 0이 되는 일은 없다. 또 일시적으로 가격이 내려간 주식을 장기 보유하면 가격이 다시 살아나는 일도 있다.

그러나 가격이 내려간 주식을 끌어안고 있는 투자자는 결코 안정된 수익을 얻을 수 없다.

손절하지 못하는 투자자의 가장 큰 실패는 그만큼의 투자 자금을 사용할 수 없는 상태로 내버려 두고 있다는 점이다. 가령 A사, B사, C사라는 세 회사의 주식을 사서 A사와 B사에서는 수익이 나고 C사에서는 손실이 나고 있다고 하자.

이 경우 많은 투자자들은 수익이 나는 A사와 B사의 주식을 매각해 수익을 확정하고, 손실이 나고 있는 C사의 주식을 묵혀 두는 일이 많다. 계속 가지고 있으면 언젠가 다시 오를 것이라고 기대하기 때문이다.

C사의 주식을 계속 가지고 있으면서 새로 D사, E사, F사의 주식을 샀다고 하자. 이번에는 D사에서 수익이 나고 E사와 F사에서는 손실이 났다. 값이 떨어진 종목을 묵혀 두는 습성이 있는 이 투자자는 이번에는 D사의 주식을 팔아 수익을 확정하고, E사와 F사의 주식을 계속 보유한다. 그 결과 이 투자자에게는 가치가 떨어진 C사, E사, F사의 주식이 남게 된다.

이 투자자는 처음에는 세 회사의 주식을 살 수 있을 만큼의 투자 자금을 가지고 있었으나, 지금은 값이 내려간 종목을 세 회사의 분량만큼 가지고 있는 상태다. 그만큼 투자 자금이 줄어들어, 성장 잠재력이 있는 회사의 주식을 살 자금이 부족하다. 이것은 투자자로서 실패다.

안정되게 수익을 올리기 위해서는 항상 우위성이 있는 국면에 자금을 투입해야 한다. 주식이든 외화든 오를 때도 있고 내릴 때도 있다. 매수 주문을 한다면 오르는 방향에 우위성이 있을 때 포지션을 가지고, 흐름이 바뀌어 내릴 방향에 우위성이 생기면 포지션을 놓아줘야 한다.

우위성이 있는 국면에서 주문하는 일을 명심해도, 열 번 중 아홉 번이 생각대로 되는 경우가 있는가 하면 열 번 중 다섯 번 밖에 생각대로 되지 않기도 한다. 생각대로 되지 않으면 가치 하락으로 인한 손실이 발생하는데, 생각대로 되지 않고 있다는 사실을 깨달은 순간 손절하면 다음 거래에 새로운 마음으로 임할 수 있다.

한 번 한 번의 거래는 이렇게 성공하기도 하고 실패하기도 한다. 수익이 났을 때는 그 수익을 늘리고 손실이 났을 때는 그 손실을 최소화함으로써 전체적으로 큰 수익을 올리게 된다. 그 과정에서 큰 손실을 보거나 값이 내려간 종목을 묵혀 두게 되면 투자 자금이 부족해져서 실패를 만회하기 어려워진다. 그 결과 전체적인 승부에서 이길 수 없게 된다. **자신이 정한 규칙을 따라서 기계적으로 (감정 개입 없이) 손절해야 함을 명심하자.**

"4-5"
투자에는 상대방이 있다는 사실을 알자

이 항목의 3가지 핵심

1 차트의 뒤에는 사람이 있다. 장세는 인간심리로 움직인다.

2 장세의 뒤에 있는 인간심리를 파악하자.

3 차트 분석으로 인간심리에 휘둘리지 않는 규칙을 만들자.

현재의 트레이드(거래)에서는 컴퓨터나 스마트폰 화면을 통해 매매할 수 있다. 투자를 하는 사람은 컴퓨터나 스마트폰 화면 속의 차트를 상대로 거래한다고 착각하기 쉽지만 실제로는 그렇지 않다.

컴퓨터나 스마트폰 화면 너머에는 사람이 있다. 그 사람들은 자신과 마찬가지로 앞으로 시세가 오를지 내릴지 불안해하며 가격 변동에 일희일비하고 있다.

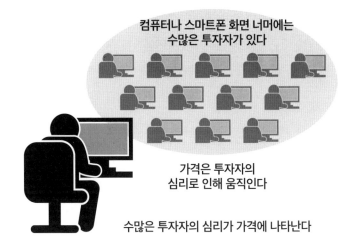

컴퓨터나 스마트폰 화면 너머에는
수많은 투자자가 있다

가격은 투자자의
심리로 인해 움직인다

수많은 투자자의 심리가 가격에 나타난다

장세란 차트나 숫자만으로 이야기할 수 있는 것이 아니다. 그보다 더 심오하다. 왜냐하면 좀처럼 읽어내기 힘든 인간의 심리가 그 속에 존재하기 때문이다.

각각의 차트 너머에 있는 사람들을 생각하며 매매하는 일은 너무나도 중요하다.

장세를 바라보는 개인들의 심리를 이해해야만 한다. 그 심리를 알면 자신의 트레이드 능력도 향상된다.

우선 인간은 이익이 발생하고 있을 때는 로우 리스크 로우 리턴을 추구하는 경향이 있다. 큰돈을 벌지는 못하는 상황이지만 가만히 내버려 두면 손해를 볼 가능성이 있다면, 일단 이익을 확보하고자 하는 심리 상태에 빠진다.

또 순간의 판단이 필요할 때 사람은 감정을 따라 움직이기 쉽다. 장세에 대한 대표적인 감정은 욕심과 공포다. 욕심과 공포에 쫓기게 되면, 스스로에게 부과한 트레이드 룰을 지키지 못하게 될 수 있다.

가령 1,000원에 산 달러가 1,100원이 되었다가 1,050원이 되었을 때, 결과적으로 50원의 수익이 발생했음에도 투자자는 50원을 손해 봤다고 생각하고 만다. **아직 포지션을 보유하고 있는 상태에서 한 번 상승했던 가치가 하락하기 시작하면 공포 때문에 서둘러 매도 결제를 하고 마는 것이다.**

많은 투자자가 수익을 더 늘려야 함을 알고 있음에도 성급하게 수익을 확정하려는 경향이 있고, 명백히 수익이 나고 있을 때도 가치가 조금이라도 내려가면 손해를 봤다는 생각에 사로잡힌다.

실제로 장세를 움직이는 것은 이러한 심리다.

독자 여러분도 장세를 바라볼 때는 항상 공포와 싸우는 상태가 될 것이다. 침착하게 판단하려고 해도 일시적으로 가격이 자신의 생각과 반대로 움직이면 황급히 결제해 버리거나, 폭락에 말려들었음을 깨닫고도 현실을 받아들이지 못해 손절하지 못하거나, 앞으로 반등할 것이라고 기대하며 포지션을 계속 가지고 있거나…. 이런 일들이 정말로 많다.

사람은 남들에게 뒤지는 일을 두려워하는 법이다.

지진과 같은 큰 재해 뒤에 사람들이 편의점이나 마트에서 음식과 화장지를 사재기하는 바람에 진열대가 텅 비는 일이 있다. 이것도 남들에게 뒤지는 일에 대한 공포의 발현이다.

투자자 대다수가 명확한 상승 트렌드에 편승하고자 하나, 많은 사람이 매수로 떠받치지 않는 한 트렌드는 계속되지 않는다. 일반 투자자가 뛰어드는 시점은 트렌드가 시작되었을 때 제대로 참가했던 사람들에게는 최고의 매수 타이밍이다.

그렇게 되면 그때부터는 하락 트렌드로 전환된다. 차트에서 트렌드가 뚜렷하게 드러날 때 돈벌이를 놓치기 싫어서, 남들에게 뒤지기 싫어서 달려든 투자자들은 손해를 보게 되는 것이다.

유감스럽게도 많은 투자자가 흔히 이러한 투자를 해서 실패한다. 이러한 투자는 절대로 해서는 안 된다.

그렇게 되지 않기 위해서는 차트 분석을 중심에 두고 투자할 필요가 있다. 차트에는 투자자들의 행동과 심리 상태가 반영되기 때문이다.

컴퓨터와 스마트폰으로 차트를 볼 때는 항상 높은 곳에서 내려다보는 시선으로, '패배'하는 투자를 하는 사람들을 바라보는 여유를 가지고, **자신의 트레이드마저도 제삼자의 시선으로 보는 냉철함이 필요하다.**

[4-6]
거래 화면을 보는 방법과
주문 방법을 이해하자

이 항목의 3가지 핵심

1 자신의 증권사 거래 화면을 보는 방법을 알자.
2 다양한 주문 방법이 있음을 사전에 알자.
3 궁금한 점은 증권사 콜센터에 물어보자.

당연한 이야기지만 이제부터 주식투자를 시작하고 싶다면 증권사에 외환차익거래를 하고 싶다면 외환중개회사에 계좌를 개설해야 한다.

은행 계좌를 새롭게 개설할 때와 마찬가지로 개인정보를 등록하고 계좌 개설을 신청하자.

증권사와 외환중개회사는 인터넷에서 검색하면 많이 나온다. 계좌를 개설할 회사를 고르는 기준은 기본적으로는 세 가지다.

첫째는 거래 수수료다. 특히 단기 매매를 많이 하고자 한다면 거래 횟수가 많아지므로, 수수료의 차이가 누적되면 큰 비용이 된다. 주의할 필요가 있다.

둘째는 툴이다. 모든 회사는 초보자용에서 프로용에 이르기까지 독자적인 정보 툴과 거래 툴을 준비해 두고 있다. 자신에게 맞는 툴을 고르는 것도 중요한 요소다.

셋째는 거래 상품의 풍부함이다. 국내 상장회사 주식뿐만이 아니라 외국 주식이나 투자신탁, 외환 등을 취급하는 회사들도 있다. 자산 형성을 위해 다양한 금융상품으로 포트폴리오를 짜고 싶다면 취급 상품이 많은 회사를 선택해야 관리하기 편하다.

계좌만 개설하는 일은 일반적으로 무료이므로, 세 군데 정도의 증권사에 계좌를 개설한 후 실제로 거래 툴을 사용해서 편의성을 시험해 보고, 콜센터의 안내 서비스 품질을 알아보는 등 어느 회사가 자신에게 가장 잘 맞는지 비교하고 검토해서 결정하는 것이 좋다.

주식이나 외환 등에 투자하고자 한다면 인터넷에서 온라인 증권 및 계좌 개설 신청 화면으로 들어간다. 필요한 사항을 입력하고 제출하면 계좌 개설 신청서가 도착한다. 개인정보와 함께 신청

서를 다시 제출하면 계좌 개설 완료 통지서가 도착한다. 통지서에 기재된 계좌번호, 사용자 ID, 비밀번호 등을 사용해서 자신의 페이지에 로그인한다. 로그인하고 나면 자신의 은행 계좌에서 투자 자금을 입금거나, 증권사에 입금된 자금을 사용해서 주식이나 외환을 매매하는 흐름이 된다.

로그인을 하면 수많은 정보가 있어서 처음에는 당황할 수도 있다. 그럴 때는 증권사 콜센터에 전화해서 질문하면 금방 해결된다. 망설일 필요가 없다.

매매 주문을 하는 거래 화면은 증권사마다 다르지만, 기본적인 입력 사항과 주의할 점은 똑같다.

주식이라면 종목 이름과 상품 코드는 사이트마다 쓰여 있지만, 종목을 어떻게 찾을까? 그리고 그 종목의 가격 변동을 기록한 차트는 어디에 표시할 수 있을까? 그 차트의 이동평균선과 같은 지표는 어떻게 표시될까? 이러한 부분들을 하나하나 명확하게 알고 기억해 두자.

그다음은 주문하는 방법이다.

주문 방법은 한 가지가 아니다. **기본은 지정가 주문과 시장가 주문이라는 두 가지다. 지정가 주문은 가령 주식이라면 매매할 주식의 수와 가격을 지정해서 주문하는 방법이다.** 주문한 가격이 그보다 유리한 가격이 아니면 주문은 성립하지 않는다.

주문이 성립하는 것을 약정이라고 하는데, 지정가 주문의 경우는 자신이 주문한 가격이 되지 않으면 약정이 되지 않는 경우가 있다. 한편 시장가 주문은 주식의 수만을 지정하고 가격은 지정하지 않는 주문 방법이다. 매수 주문이라면 그때 나와 있는 가장 낮은 가격의 매도 주문에 대응해서 주문이 성립한다. 매도 주문이라면 가장 가격이 높은 매수 주문에 대응해서 주문이 성립한다. 가령 현재 시점에서 주가가 3,000원이고 가장 저렴한 매도 주문이 3,010원, 가장 비싼 매수 주문이 2,990원이라고 하자. 시장가 매수 주문을 하면 3,010원에 사게 되고, 시장가 매도 주문을 하면 2,990원에 팔게 된다.

약정은 가능하지만 자신이 주문하고 싶은 금액에 딱 맞는 가격으로 약정할 수 있다는 보장은 없으며, 시장의 상황과 증권회사의 시스템 상태에 따라 약간 오차가 있는 가격으로 약정될 수도 있다. 또 가격이 폭락하거나 폭등할 때는 생각지 못한 가격에 약정되기도 한다. 즉 투자자에게 불리한 가격으로 약정될 수 있다.

지정가 주문이라면 지금보다 싼 가격에 사서 지금보다 비싼 가격에 팔 수 있다. 앞에서 설명한 고가와 저가의 중요성, 공포와 욕심으로 움직이는 인간 심리 등을 고려하며 '이 금액까지 내려가면 사고 싶다' '이 금액까지 올라가면 팔고 싶다'라고 결정해서, 미리 지정한 가격으로 주문하면 자동으로 결제가 이루어진다는 장점이 있다. 상승 트렌드에서 이익을 얻고 싶은 투자자의 경우, 상승 트렌드가 시작될 때 진입하지 못해 가격이 계속해서 올랐을 수 있다. 그래도 상승 트렌드가 앞으로 계속될 것이라고 판단했다면, 향후 일시적으로 나타날 가능성이 있는 낮은 가격에 지정가 주문을 해둘 수 있다.

한편으로 상승 트렌드 발생 시에 수익을 올리고 싶은 경우, 그러니까 지난번의 주목할 만한 고가를 넘은 시점에서 진입하고 싶은 경우에는 지금보다 높은 가격이 되면 매수할 필요가 있다. 이것은 역지정가 주문이라는 방법을 통해 가능하다.

역지정가 주문은 지금보다 높은 가격이 되면 사고, 지금보다 낮은 가격이 되면 파는 주문 방법이다. 앞으로 상승할 것이라는 우위성 신호가 보일 때 진입하는 전략의 하나로 사용할 수 있다.

이미 종목이나 통화를 보유한 경우의 수익 확정 또는 손절에 활용할 수도 있다.

가령 상승 트렌드라고 생각해서 포지션을 가지고 있었는데, 예상이 틀려서 가격이 내려갈 수 있다. 그렇게 되면 잠재적인 손실이 발생한다. 이때 지금보다 가격이 내려가면 매도 결제를 하도록 역지정가 주문을 할 수 있다.

거래 화면과 주문 방법에 대해, 초보자라면 자신의 컴퓨터 화면을 보고 증권사 콜센터에 전화를 해서 어느 버튼을 누르면 어떤 주문을 할 수 있는지 하나하나 확인하며 이해하도록 권한다.

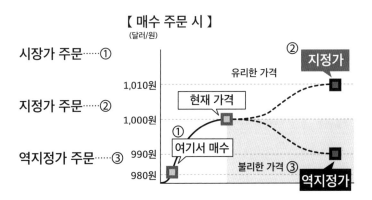

【 매수 주문 시 】
(달러/원)

시장가 주문……①

지정가 주문……②

역지정가 주문……③

② 지정가

유리한 가격

1,010원

현재 가격

1,000원

① 여기서 매수

990원

980원

불리한 가격 ③

역지정가

증권사의 어느 버튼을 누르면 실행할 수 있는지 사전에 파악해 두는 일이 매우 중요

주문 방법을 올바르게 파악해 두지 않으면, 손절해야 할 시점에 손절이 늦어지는 등 예기치 못한 큰 손실을 볼 위험이 있다. 반드시 실제 매매를 시작하기 전에 이해해 두자.

"4-7"
자신만의
거래 규칙을 만들자

이 항목의 3가지 핵심

1 매매 규칙은 안정된 수익에 매우 중요하다.
2 처음에는 프로들의 거래 규칙을 흉내 내자.
3 마지막에는 자신만의 거래 규칙을 만들자.

초보투자자는 주식투자나 외환차익거래 등으로 수익을 올리고 싶어도 언제 사야 할지, 언제 팔아야 할지, 어떻게 하면 수익을 올릴 수 있는지 알지 못한다. 학교에서 배운 적이 없으므로 책, 세미나, 인터넷 등을 통해 실적이 있는 프로들에게서 성공적인 운용 방법을 배우려 한다.

인터넷에 정보를 올리는 전문가 중에는 자신이 수익을 올리고 있는 매매 규칙을 공개하고, 자신과 같은 시점에 주문하고 결제하도록 지도하는 강의를 운영하는 사람들이 있다. 또 이러한 프로 트레이더들의 스타일을 반영한 자동 매매 시스템이나 AI 시스템을 판매하는 업체들도 있다.

돈에 관한 중요한 일임에도 스스로 지식이 없기 때문에 실적이 있는 전문가들의 이야기를 그대로 받아들이기 쉽다. 그러나 투자란 모두 자기 책임이므로 확실히 공부해서 자신만의 거래 규칙을 만들어야 한다. 이러한 마음가짐이 아주 중요하다.

트레이드 룰(trade rule)이라는 말이 있다. 투자할 때 지킬 사항을 규칙으로 만든 것으로, 안정되게 수익을 올리기 위한 매우 중요한 약속이다. **투자할 때 가장 중요한 것은 안정되게 계속해서 수익을 올리는 일이다.** 일확천금을 노리는 투자는 실제로는 한 번에 가산을 탕진하는 투자로 이어질 가능성이 크다.

가장 중요한 것은 트레이드를 할 때 규칙을 확실히 지켜서 계속 수익을 올리는 일인데, **계속 수익을 올리기 위해서는 자신만의 트레이드 룰을 만든다는 자세가 필요하다.**

트레이드 방법은 헤아릴 수 없을 만큼 많다. 따라서 트레이드 룰도 헤아릴 수 없을 만큼 많이 만들 수 있다. 확실히 성공하는 트레이드 룰이 존재하고, 그 트레이드 룰을 실천하면 확실하게 수익을 올릴 수 있다는 환상을 가진 사람들도 있다. 그러나 타인이 만든 트레이드 룰이 그대로 자신에게도 들어맞고, 게다가 그것을 종횡무진 활용해서 수익을 계속 증가시키는 일은 현실에서 일어나지 않는다.

　트레이드 룰은 자신의 목표 수익과 투자 자금, 자신의 성격, 일상적으로 사용할 수 있는 시간과 시간대 등 자신만의 조건을 가미해 자신의 방식으로 만들어나가는 것이다. 실적이 증가하고 있는 투자자의 트레이드 룰을 배워도, 그 방법은 그 투자자가 사용하고 있기에 그만큼 수익이 나는 방법이다. 자신에게 맞을지 아닌지는 완전히 다른 문제다.

　손절과 수익의 기준도 다르고, 타이밍도 사람마다 다르다. 멘탈과 성격도 다르다. 승률을 중시하는 사람이 있는가 하면, 10%의 승률로도 돈을 버는 사람이 있다. 승률이 낮으면 기분이 가라앉는 사람도 있고, 반대로 투지가 솟아나는 사람도 있다. 허용하는 리스크의 수준도 다르다.

　투자 스타일은 다양한 요소의 조합이며, 당연한 이야기이지만 사람마다 투자 스타일이 다르다. 스타일이 서로 똑같은 사람은 이 세상에 없다.

　소위 스윙트레이드(2~3일에서 몇 주 동안 매매를 완결시키는 트레이드)에 익숙한 사람도 있고, 데이트레이드(하루에도 몇 번씩 매매를 완결시키는 트레이드)에 익숙한 사람도 있다. 익숙한 손절 수준도 다르다.

　가령 자신이 매수 포지션을 가지고 있을 때 이동평균선이 상승 중이라고 하자. 어떤 사람의 트레이드 룰은 이동평균선이 올라갈 때 포지션을 가지고 있다면 그대로 계속 가지고 있어도 좋다는 것이다. 그런데 이 트레이드 룰을 계속 믿어도 될까?

실제로 이동평균선이 상승하고 있어도 그 후 가격이 급락하고 이동평균선이 하락하는 일은 얼마든지 있을 수 있으므로, 이동평균선이 상승 중이라도 때에 따라서는 결제를 해서 수익을 확정하는 것이 좋을 수 있다. 어떤 트레이드 룰이라도 타인이 만든 것이라면 그 룰을 벗어나는 사건이 일어났을 때 스스로 판단해서 거래해야 한다. **그러나 이것이 때와 상황에 따라 달라지는, 다시 말해 규칙 없이 감정에 맡기는 트레이드가 되어 버리면 결과적으로 안정된 수익을 올리기 어렵다. 그러므로 자기 자신이 항상 신뢰할 수 있는 규칙을 스스로 만들어야 한다.**

트레이드 룰은 아주 중요하다. 승률이 높은 트레이드 룰을 만들고, 그 트레이드 룰을 계속 갈고 닦으며, 룰의 이치까지 확실히 이해하고, 룰을 진심으로 신용하며 계속해서 지켜나갈 수 있다면 결과적으로 안정된 수익을 실현할 수 있게 된다.

100% 이기는 방법을 찾는 것이 아니라, 승률이 높은 투자자들의 매매 방법을 참고하고 그 규칙을 직접 실천해 보면서, 시행착오를 거쳐 **자신만의 트레이드 룰을 만들어낸 후 그 규칙을 끝까지 신뢰하는 자세가 중요하다.**

"4-8"
거래 기록을
남기자

이 항목의 3가지 핵심

1 귀찮더라도 거래 기록을 남겨야 하는 이유.
2 거래 기록의 구체적인 항목 예시.
3 거래 기록으로 자신의 트레이드를 데이터 분석하는 방법.

견실하게 수익을 올리는 투자를 위해서는 '트레이드'라는 방법을 추천한다고 이미 말했다. 그리고 트레이드라는 방법을 실시할 때 주문을 할 것인지 판단하는 기준으로 '트레이딩 에지'의 유무를 본다는 것도 설명했다.

그러나 아무리 우위성이 있을 때 주문한다는 것을 명심해도 '그 방법'이 자신에게 맞는지, 요컨대 수익이 나는 방법인지 확실히 파악할 필요가 있다. **그리고 이것을 올바르게 파악한 후 필요해지는**

것이 '나만의 거래 기록'이다.

거래를 기록할 때 '얼마나 벌었는지' '얼마나 손해를 봤는지' '무슨 종목을 샀는지' 등도 물론 중요하지만, 이것만으로는 자신의 거래를 속속들이 분석하고 '그 방침대로 계속하면 앞으로도 수익을 올릴 수 있는 우위성 있는 트레이드'가 이루어지고 있는지 파악할 수 없다.

성공하는 투자자가 되기 위해 '거래 기록'에 적어야 하는 내용을 공개하겠다.

우선 자신의 투자 자금을 결정한다.

그리고 거래 한 번마다

- 종목명(통화쌍 등)
- 매수/매도
- 주식 수(롯 수)
- 주문한 날짜
- 주문한 요일
- 주문한 시간
- 주문한 가격
- 주문한 이유
- 결제한 날짜

외환차익거래 기록 시트   기입 예

이름(닉네임 가능)	-
투자 자금	1,000,000
10세트 이율	38.87%

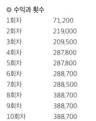

성공 횟수	5
승률	50%
실패 횟수	3
패배율	30%

횟수	통화쌍	매수/매도	롯	주문 시				결제 시			
				날짜	요일	주문시간	주문가격	날짜	요일	결제시간	결제가격
1	달러 엔	-1	100,000	2017.1.12	목	11:10	114.850	2017.1.12	목	19:00	114.138
2	달러 엔	1	100,000	2017.1.13	금	4:35	113.500	2017.1.13	금	13:15	114.978
3	달러 엔	-1	100,000	2017.1.16	월	8:05	114.304	2017.1.16	월	9:45	114.399
4	달러 엔	-1	100,000	2017.1.17	화	11:30	114.05	2017.1.17	화	19:30	113.25
5	달러 엔	1	100,000	2017.1.18	수	10:30	112.99	2017.1.18	수	13:45	112.973
6	달러 엔	1	100,000	2017.1.18	수	14:45	113.13	2017.1.18	수	17:15	113.139
7	달러 엔	1	100,000	2017.1.18	수	19:20	113.35	2017.1.18	수	23:15	113.348
8	달러 엔	1	100,000	2017.1.19	목	3:40	113.635	2017.1.19	목	11:20	114.637
9											
10											

◎ **수익과 횟수**

1회차	71,200
2회차	219,000
3회차	209,500
4회차	287,800
5회차	287,800
6회차	288,700
7회차	288,500
8회차	388,700
9회차	388,700
10회차	388,700

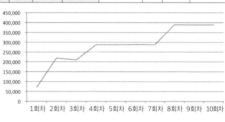

· 결제한 요일

· 결제한 시간

· 결제한 가격

· 결제한 이유

등을 입력한다.

주문 이유와 결제 이유를 명확하게!		평균 수익	80,020	리스크 보상	21.06
		평균 손실	-3,800	수익 합계	400,100
				손실 합계	-11,400
				총 수익	388,700

보유 시간(분)	획득pips	손익	승패	주문 이유	결제 이유
470	71.2	71,200	1	지난번 저가, 역지정가 주문	3단 낮게 끝남(시장가)
520	147.8	147,800	1	1/12 심야 고가와 변동 지점에서 역지정가	3단 높게 끝남(시장가)
100	-9.5	-9,500	0	지난번 저가(시장가)	손절(시장가)
480	80	80,000	1	17일 10:20의 저가에 역지정가	2단 높게 끝남(시장가)
195	-1.7	-1,700	0	18일 9:05 고가에 역지정가	2단 낮게 끝남(시장가)
150	0.9	900	1	18일 11시 반 이후 고가에 역지정가	2단 낮게 끝남(시장가)
235	-0.2	-200	0	18일, 17시, 18시의 고가에 역지정가	2단 낮게 끝남(시장가)
460	100.2	100,200	1	18시 22시 반의 고가에 역지정가	2단 낮게 끝남(시장가)

매수와 매도의 평균 수익

◎매수의 평균 수익	247,000
◎매도의 평균 수익	141,700

자신은 매수 진입을
더 잘 한다

발견!

보유 시간별 이익

30분 이내	0
30분~3시간	-8,600
3시간~6시간	-1,900
6시간~12시간	399,200
12시간~24시간	0
24시간~48시간	0
48시간~74시간	0
74시간~96시간	0
96시간~	0
Total	388,700

그리고 엑셀 등을 잘 다룬다면 자동 계산을 설정해서 이 숫자들
로 다음의 사항을 도출한다.

- 한 번 당 수익과 손실

- 승률(성공 횟수 ÷ 전체 거래 횟수)

- 패배율(실패 횟수 ÷ 전체 거래 횟수)

- 평균 수익(총 이익 ÷ 성공 횟수)
- 평균 손실(총 손실 ÷ 실패 횟수)
- 리스크 보상 비율(평균 수익 ÷ 평균 손실)

※리스크 보상 비율이란 작은 손실과 큰 수익을 달성하기 위한 수치다. 1 이상이면 손실이 작고 수익이 크다. 1 미만이면 손실이 크고 수익이 작다.

익숙해질 때까지는 번거롭지만, 거래 내용을 계속 기록하다 보면 자신의 트레이드 기술을 객관적으로 알 수 있다. 가령 위의 항목들을 기록하면 거래 한 번에 평균 얼마를 벌고 있는지 금방 알 수 있다.

예를 들어 거래 한 번에 평균 100만 원을 버는 트레이드 룰을 가지고 있는 경우, 그 트레이드 룰을 철저히 지키며 열 번 거래하면 1,000만 원 정도의 수익을 기대할 수 있다.

비즈니스와 같은 수익 목표를 현실적으로 세울 수 있는 것이다. 500만 원을 벌고 싶다면 '그런 매매를 다섯 번 하자'라고 마음먹으면 된다.

더욱 깊은 분석도 할 수 있다. **이 항목들을 계속 기록하다 보면**
- **매수 진입일 때는 평균 얼마나 버는가**
- **매도 진입일 때는 평균 얼마나 버는가**

• 어느 요일에 평균 얼마나 버는가

등을 알 수 있게 된다. 약점이 있는 경우에는 그 거래를 피할 수도 있다.

가령 금요일 오후의 거래에서 손해를 보는 일이 많다면, 매주 금요일 오후에는 편히 쉬면서 텔레비전이라도 보는 것이 더 좋다. 이처럼 거래 내용을 계속 기록하는 일은 수익과 직접 연결되는 큰 이점이 된다.

주식투자 1년차부터
알아두면 좋은 장세의
원리 5가지

지금까지 주식투자 1년차부터 전체적으로 성공하는 일을 목표로,
주로 차트를 분석해 매매하는 방법과 그때의 마음가짐을 이야기했다.
그러나 그것만으로는 투자가 얼마나 멋진 일인지 느끼지 못하는 사람들도 있을 것이다.
돈을 벌 뿐만 아니라 나아가 인간적인 성장을 느낄 수 있다면 투자에서 더욱 매력을 발견하고,
투자는 인생에서 빼놓을 수 없는 존재가 될 것이다.
그러기 위해서는 펀더멘탈 분석을 배워야 한다.
그러나 펀더멘탈 분석은 매우 심오한 세계이므로 책 한 권으로는 도저히 설명할 수 없다.
이 장에서는 그 입구에서 알아둬야 할 지식만을 엄선해 소개하겠다.

「5-1」

장세의
네 가지 주기를 알자

이 항목의 3가지 핵심

1 금융장세, 역금융장세를 알자.
2 실적장세, 역실적장세를 알자.
3 장세의 네 가지 주기를 이해하자.

장세에는 주기가 있고, 경기도 호황과 불황을 반복한다. 경기가 좋을 때와 경기가 나쁠 때는 투자자로서의 포지션도 서로 달라지므로 이 주기를 이해할 필요가 있다.

일반적으로 불황이 되면 상품이 팔리지 않아 기업의 실적이 악화한다. 그렇게 되면 구조조정이 늘고 실업률이 상승해 사회 전체의 분위기가 어두워진다. **이 상황을 타개하기 위해 중앙은행이 실시하는 금융정책이 금리 인하, 즉 금융완화다.**

금리를 낮추면 회사와 개인이 은행에서 돈을 빌리기 쉬워진다.

그렇게 되면 회사는 설비 투자를 쉽게 할 수 있게 되고 개인은 물건을 사거나 투자를 하기 쉬워진다. 설비 투자로 인해 매출이 오르고 직원들의 급여가 오르면 개인도 돈을 쓰기 쉬워진다. 중앙은행이 금융완화를 실시할 때는 이러한 경기 회복 시나리오가 있는 것이다.

그러면 금융완화로 인해 장세는 어떻게 움직일까? **우선 중앙은행이 금융완화를 발표하면 그것만으로도 주가가 오르기 시작한다. 이 상태를 '금융장세'라고 한다.** 금융장세에서는 실적이 부진한 기업이라도 주가가 상승하는 경향이 있다.

그 후 점차 기업의 실적이 회복될 때쯤에는 금융장세가 끝나고 **실적이 좋은 기업들의 주식이 잘 팔리는 '실적장세'가 시작된다.** 이 시기가 되면 실적이 향상되는 회사가 늘어나므로 장세 전체에서 매수가 활발해진다.

경기가 더욱 좋아지면 이번에는 과열된 경기를 억제하기 위해 중앙은행이 조금씩 금리를 높이기 시작한다. **이것을 금융긴축이라고 한다.**

금융긴축이 실시되면 투자자들의 자금이 주식시장에서 예금이나 채권으로 이동해 시장 전체가 하락하는 것이 일반적이다. 이것을 '역금융장세'라고 한다. 역금융장세에서는 금리가 높아도 실적이 영향을 잘 받지 않는 다시 말해 빚이 적은 기업의 주식이 주목을 받는다.

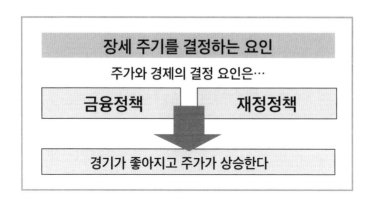

장세 주기를 결정하는 요인

주가와 경제의 결정 요인은…

| 금융정책 | 재정정책 |

경기가 좋아지고 주가가 상승한다

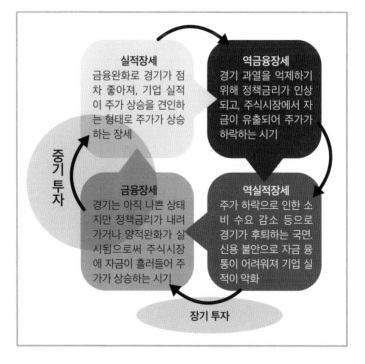

실적장세
금융완화로 경기가 점차 좋아져, 기업 실적이 주가 상승을 견인하는 형태로 주가가 상승하는 장세

역금융장세
경기 과열을 억제하기 위해 정책금리가 인상되고, 주식시장에서 자금이 유출되어 주가가 하락하는 시기

금융장세
경기는 아직 나쁜 상태지만 정책금리가 내려가거나 양적완화가 실시됨으로써 주식시장에 자금이 흘러들어 주가가 상승하는 시기

역실적장세
주가 하락으로 인한 소비 수요 감소 등으로 경기가 후퇴하는 국면. 신용 불안으로 자금 융통이 어려워져 기업 실적이 악화

중기 투자

장기 투자

그 후 고금리를 견디지 못하고 실적이 나빠지는 회사들이 늘어나는 시기를 '역실적장세'라고 한다. 역실적장세가 되면 구조조정을 실시하는 기업들이 주목을 받는다.

이렇게 사회에 불황의 분위기가 감돌면 중앙은행은 다시 금융완화를 실시하고, 다시 '금융장세'가 시작된다.

중요한 점은 장세에 주기가 있다는 것이다. 금융장세와 실적장세에서는 매수 포지션을 가져야 유리한 경우가 많고, 역금융장세와 역실적장세에서는 매도 포지션이 유리한 경우가 많다. 물론 차트의 신호(트레이딩 에지)를 보고 반대 포지션을 취할 수도 있으나, 리스크도 크므로 신중한 리스크 관리가 필요할 것이다.

"5-2"
경제에 관심을 가지고 장세와의 관계를 배우자

이 항목의 3가지 핵심

1 경제 이야기와 장세 이야기를 연결하자.
2 무엇을 보면 경제를 읽어낼 수 있는지 그 포인트를 알자.
3 국가가 제공하는 데이터에서 세상을 읽어내는 구체적인 예.

　주식이나 외환에서 수익을 올리는 이야기와 나라의 경제가 지금 어떤 방향으로 움직이는지에 대한 이야기는 큰 관련이 있다. 그러므로 주식과 외환을 비롯한 투자 전반에서 수익을 올리고 싶다면 경제에 관한 최소한의 지식을 갖춰야 한다.

　경제를 이해하기 위해서는 일반 가정, 기업, 정부라는 세 가지 등장인물이 있음을 가장 먼저 알아야 한다. 경제란 이 세 등장인물이 서로 얽혀 만들어 내는 것이다.

　일반 가정이란 바로 우리들이다.

우리는 일을 한다. 일의 내용은 크게 보면 재화나 서비스를 만들어내는 것이다. 그리고 회사는 그 대가로 급여나 보수를 지불한다. 정부는 일반 가정과 기업에서 세금을 걷는다. 그리고 그 세금을 써서 우리에게 경찰, 소방서, 학교, 도로 등의 공공 서비스를 제공한다.

이러한 형태로 세 등장인물이 통화, 재화, 서비스를 교환하는 현상 전체를 경제 활동이라고 한다.

여기까지의 이야기는 학교에서도 배운다. 그런데 조금 더 깊이 파고들어 보면 경제 이야기와 장세 이야기가 연결되어 있음을 알 수 있다.

현재 경제가 지금 어떤 상태인지를 객관적으로 바라보기 위해서 이용하는 '경제 지표'라는 것이 있다. 경제 지표는 헤아릴 수 없을 만큼 많지만, 여기서는 장세와 관련이 깊은 지표 중 대표적인 것들을 소개하겠다.

● GDP(국내총생산)

GDP란 1년 동안 국내에서 새로 생산된 재화 및 서비스 가치의 합계다. 국가의 경제력을 나타내는 지표로써 가장 알기 쉽고, 그 나라 국민의 생활수준을 반영한다. GDP의 전년 대비 상승 또는 하락을 통해 그 나라의 생활수준이 높아졌는지 낮아졌는지 알 수 있다.

● 실업률

실업률이란 실업자를 노동력 인구(실업자와 취업자의 합계)로 나눈 것이다.

일을 함으로써 안정적으로 급여를 받는 사람들이 늘어나면 소비도 증가한다. 소비가 증가하면 경기가 좋아지지만 물가도 상승하므로, 과도한 인플레이션이 발생하지 않도록 정책금리를 높일 필요성이 발생한다(금융긴축). 반대의 경우에는 소비가 줄고 경기가 나빠져서 물가가 하락하므로, 디플레이션이 일어나지 않도록 정책금리를 낮출 필요성이 발생한다(금융완화).

앞에서 상세히 설명한 대로(5-1) 정책금리의 등락은 장세에 영향을 준다. 실업률은 그 정책금리에 영향을 주므로 당연히 중요한 지표이다.

● 무역수지

무역수지란 나라의 수출액과 수입액의 관계이며, 수출액이 더 많으면 흑자, 수입액이 더 많으면 적자다. 흑자는 자국 통화의 가격이 높아지는 요인이 되고, 적자는 자국 통화의 가격이 낮아지는 요인이 된다.

● 소비자물가지수(CPI)

CPI란 전국의 가구들이 구입하는 재화와 서비스 가격의 평균적인 변동을 측정한 지수로, 인플레이션(일반적으로 호경기에는 인플레이션이 발생함)이 발생했는지 판단하는 가장 중요한 지표다. CPI 중에서도 가장 중시되는 것이 가격 변동이 큰 식품과 에너지 등을 제외한 '코어-코어 CPI'다(참고로 신선식품을 제외한 지수는 '코어 CPI'이며, 총무성은 이 수치도 발표한다). [코어-코어 CPI와 코어 CPI는 모두 일본에서 사용하는 개념이다. 한국에서는 코어-코어 CPI를 '식료품 및 에너지 제외 지수'라고 부른다. 그리고 한국에서 '코어 CPI'라고 하면 신선식품을 제외한 지수가 아니라 농산물과 석유류를 제외한 지수다. 신선식품을 제외한 지수는 잘 사용하지 않고 오히려 그 반대로 신선식품만을 집계한 '신선식품지수'를 사용한다. - 역자]

코어-코어 CPI가 상승해 인플레이션이 가열되면 금융긴축 정책을, 하락해서 인플레이션이 진정되면 금융완화 정책을 실시할 가능성이 커진다.

어느 쪽이든 장세가 움직이기 시작한다(5-1에서 설명).

● M2

일본의 중앙은행은 매달 7번째 영업일에 전 달의 '금융 부문에서 경제 전체에 공급되는 통화 총량'인 통화 통계를 발표한다.

통화 통계에는 몇 가지 지표가 포함되는데, 그중 장세의 움직임과 관련된 지표가 M2다. M2는 현금 통화, 예금 통화, 준통화, 양도성 예금(Certificate of Deposit[CD], 제삼자에게 지명 채권 양도 방식으로 양도할 수 있으며 자유롭게 발행 조건을 결정할 수 있는 예금)의 합계액으로, 사회에 실제로 돌아다니는 돈의 총량이다. 이 양이 늘어난다는 것은 경제가 활성화되어 앞으로 인플레이션, 즉 호경기가 된다는 뜻이다.

그러므로 1개월간의 M2만 보아서는 장세에 대한 영향을 알 수 없다. 몇 개월분을 추적하며 경향을 파악해야 한다.

"5-3"
정치에 관심을 가지고
장세와의 관계를 배우자

── 이 항목의 3가지 핵심

1 정치는 투자의 성공에 중요함을 이해하자.
2 중앙은행이 발표하는 정보가 매우 중요한 이유.
3 정치 이야기와 장세 이야기, 자신의 수익 이야기 사이의 관계.

세상의 돈이 지금 어디에 모여드는 경향이 있는지 아는 일은 투자를 할 때 매우 중요하다. 그때 정치는 매우 큰 의미가 있다.

중앙은행이나 정부가 내놓는 시책은 물론, 어떤 방침을 가진 정당이 정치의 중심이 되는지, 어떤 정책이 계획되어 있으며 나라의 예산이 어디에 쓰일 것인지, 어느 정치가가 앞으로 국가 지도자가 될 것인지, 나라의 예산이 어떤 기업으로 흘러들고, 그 영향으로 주가가 어떻게 변동할지 등 정치와 주가는 큰 관계가 있다.

경제 정책의 관점에서 특히 중요한 수치는 정책금리다. 정책금리란

중앙은행이 민간 은행에 돈을 빌려줄 때 적용하는 금리다.

정책금리의 등락은 당연하게도 항상 은행에 영향을 준다. 그리고 은행의 동향 변화는 우리 개인의 생활은 물론 우리가 투자하고자 하는 기업의 주가에도 영향을 준다.

예전에 일본에서 마이너스 금리가 발표되었을 때 업종별 등락 비율을 보면 상승률이 가장 높았던 것은 부동산이고, 모든 업종 중 유일하게 하락한 것은 은행이었다. 많은 자금을 대출로 조달할 필요가 있는 부동산이 혜택을 입고, 금리로 장사하는 은행이 불리해지는 구조가 된 것이다.

중앙은행의 정책으로 은행이 영향을 받는다는 것은 우리가 평소에 재화와 서비스를 구입하는 기업에도 영향이 있다는 뜻이다. 당연한 일이지만 그렇게 되면 우리의 가정도 큰 영향을 받는다. 정치가 움직이면 주가가 움직이고, 주가가 움직이면 기업의 재무 상황이 달라지고, 기업의 재무가 달라지면 직원들의 생활이 영향을 받는 일련의 움직임으로 이어지는 것이다.

어떤 정권이 어떤 방침을 취하느냐 하는 문제가 우리의 생활에 직접 영향을 주는 것은 당연하다. 나아가 세계 각국의 정치 정책이 자국 경제에 영향을 주거나, 우리가 매매하고자 하는 종목의 주가에 영향을 준다는 사실도 이해해야 한다.

일반적으로는 정당의 지지율 저하, 중요한 예산이나 법안의 부결, 부정부패 의혹 등으로 정치 세력이 불안정해지면 나라 전체의 주가가 하락하는 요인이 된다. 반대로 정치 세력이 안정되면 주가가 상승하는 요인이 된다.

그러나 반대 경우도 있다. 현재 정권에 대한 실망이 널리 퍼져 있는 경우에는 정치가 불안정해지고 정권 교체에 대한 기대가 높아져서 주가 상승의 요인이 될 수 있다. 여기에 딱 맞는 예가 있다. 일본 민주당의 노다 요시히코 총리가 중의원을 해산한 것만으로 주가가 오르기 시작했던 일이다. 그러나 일반적으로는 선거 기간 중에는 주식의 매수를 피하는 투자자가 많아서 일시적으로 주가가 내려가고, 선거 결과가 나온 후 주가가 움직이기 시작한다.

지방선거는 대개 주가에 영향을 주지 않는다. 그러나 특별히 중요한 지방자치단체 선거나 지역 의원 선거는 국정에 대한 영향을 생각하게 하므로 주가의 변동 요인이 되기도 한다.

언제든 정치가 불안할 때는 경제와 기업 실적에 대한 악영향이 우려되어 주식 매수 움직임이 수그러든다.

지금 정권이 투자자들의 지지를 받는 정책을 내놓고 있는지, 그 정책이 계획대로 실행되고 국민에게도 좋은 평가를 받고 있는지 여부는 주가와 통화 가치에도 영향을 주므로 투자자들에게는 매우 중요한 확인 사항이다.

"5-4"
달러와 자국 통화, 원유, 금에 관심을 가지고 장세와의 관계를 배우자

이 항목의 3가지 핵심

1 외환 이야기, 금 가격 이야기, 원유 가격 이야기도 중요하다.
2 외국의 사건도 국내 주식투자의 중요한 요인.
3 각 펀더멘탈과 가격 동향을 바라보는 방법.

원유 가격의 장세는 미국 달러의 장세와 반비례 관계에 있음을 이해해 두면 좋다. **미국 달러의 가격이 높아지면 원유 가격은 낮아지는 경향이 있고, 미국 달러의 가격이 낮아지면 원유 가격은 높아지는 경향이 있다.** 반대로 원유 가격이 낮아지면 미국 달러의 가격은 높아지는 경향이 있고, 원유 가격이 높아지면 미국 달러의 가격은 낮아지는 경향이 있다. 이 현상은 원유의 매매가 일반적으로 달러로 이루어지는 것과 관련이 있다. 어디까지나 현 시점의 일반론이며, 반드시 그렇게 된다는 보장은 없다. 그러나 이러한 경향이 있다는 기본 지식을 가지고 있으면 좋을 것이다.

다음으로 일본의 엔저 및 엔고와 주가의 관계를 설명하겠다. **일반적으로 엔저가 되면 주가가 전체적으로 상승한다.** 주가가 상승하면 당연히 기업의 자산 가치가 높아진다. 자산 가치가 높아진 기업들이 더욱 성장해서 소비와 투자도 활발해지고, 그 이로움이 일본 전체에 퍼져나가 호경기가 되는 구조다.

그러면 왜 엔저가 주가 상승으로 이어질까? 닛케이(日経) 평균 주가를 계산하기 위해 선정하는 닛케이 225 종목에서는 엔저로 이득을 보는, 다시 말해 수출을 많이 하는 기업의 비율이 높기 때문이다. 일본의 수출액 중 90% 이상은 도쿄 증시의 일부 대기업들이 차지하며, 그 대기업 중 다수가 닛케이 225 종목에 포함되어 있다.

미국에서 비슷하게 주가의 지표로 삼는 것은 뉴욕증시 다우지수다. 다우는 30종목으로 이루어져 있으며 에너지 관련 주식의 비중이 크다. **따라서 원유 가격이 내려가면 다우도 하락하기 쉽다고 할 수 있다.** 게다가 달러 가치가 높으면 단기적인 미국의 경제 성장에는 해롭기 때문에 달러가 비싸지고 원유 가격이 내려가면 다우는 하락세가 된다.

반대로 달러가 싸고 원유 가격이 높아지면 다우는 일반적으로 상승세가 된다. 경제대국인 미국의 주가 하락은 전 세계 투자자들에게 영향을 주므로, 다우가 하락하면 전 세계의 투자자들이 리스크 회피에 더 집중하게 되고, 투자자들의 자금은 안전자산(저축과 공채 등)으로 흘러드는 경향을 보인다.

저축과 공채 외의 안전자산을 대표하는 예는 일본 엔이다. 다우가 하락하면 엔을 사들이려는 전 세계의 압력이 강해지고, 그 결과로 엔고가 진행되기 쉬워진다. **엔고는 일본의 주가를 낮추는 요인이 되므로, 원유 가격이 내려가고 달러 가격이 올라가는 국면이 되면 일본의 주가도 낮아지는 경향이 있음을 기억해야 한다.**

원유 가격이 더욱 하락하면 무역 국가인 일본의 무역 적자는 축소된다. 그것도 엔고의 요인이 되어 일본 주가가 더욱 하락세로 접어든다.

일본은 석유를 외국에서 수입하므로, 원유 가격의 하락이 기업의 연료비 하락으로 이어져 기업의 수익에 긍정적으로 작용한다. 앞에서 설명한 닛케이 225 종목 중에는 이러한 이점을 누리는 기업이 많으므로, 원유 가격 하락은 닛케이 평균의 상승을 돕는다. 그러나 한편으로 엔 가격과 닛케이 평균 주가에는 음의 상관관계가 있다고 앞에서 설명했다. 엔의 가격이 계속 상승하면 닛케이 평균 주가는 하락세가 되어, 전 세계의 투자자들이 일본 주식을 팔기 시작한다. 결국 원유 가격 하락이 엔고로 이어지는 경향이 더 강하므로 이 점을 기억해둬야 한다.

다우가 내려가는 등 주식시장의 리스크가 높아지면 투자자들의 자금이 안전자산으로 이동한다고 앞에서 언급했다. 엔과 어깨를 나란히 하는 안전자산으로 금이 있다.

금은 소유하는 것만으로는 주식과 같은 배당이나 주주 우대를 받을 수 없다. 그러나 금의 가치는 쉽게 하락하지 않고, 만일의 사태를 대비해 보유해야 할 안전한 자산이라는 신뢰가 있다. 그래서 주식시장이 불안정해지고 주가가 내려가기 시작하면 금의 가격이 상승하는 관계가 있다.

다만 주가가 상승할 때 금의 가격도 상승하는 경우가 있다. 2017년에는 주가와 금값이 모두 상승했다. 이 해에는 미국에서 도널드 트럼프가 대선에 승리해 주식시장은 상승세를 보였지만 앞으로 다가올 미래가 불투명해졌다. 그래서 값이 오르고 있는 주식을 사면서도 만일을 대비해 금도 사들이려는 투자자들이 많았던 것으로 보인다.

이제까지 일반적인 경향으로써 원유 가격이 내려가면 미국 달러의 가격이 올라가고, 주가가 내려가면 금값이 오르는 현상을 설명했다. 이러한 일반 상식을 알아두면 투자에 큰 도움이 되므로 부디 기억하기 바란다. 그러나 자신이 매수한 종목이 반드시 그대로 오르거나 내린다는 보장은 없다는 사실도 명심하자.

“5-5”

하나의 시장에 얽매이지 말고
다양한 시장에 관심을 가지자

── 이 항목의 3가지 핵심

1 기회가 있을 때 기회가 온 상품으로 돈을 벌자.
2 지금 무엇에 우위성이 있는지, 투자 대상을 파악하자.
3 현대인으로서 필요한 종합적 교양을 갖추자.

통화의 가격이 시시각각 변한다는 사실을 일상생활 속에서는 그다지 신경 쓰지 않는다. 우리는 평소 국내에서 자국 통화를 사용해서 물건을 사지만, 통화의 가치가 매 순간 변화한다는 것을 실감하는 일은 별로 없다.

외환 장세가 매일 움직이는 것은 그 통화를 사용하는 나라의 가치가 통화의 가격에 반영되기 때문으로 여겨진다. 엔의 가격은 일본의 가치로 여겨지고, 달러의 가격은 미국의 가치로 여겨지는 것이다.

그러면 나라의 가치는 왜 매일 변동할까? 그 원인은 무수히 많아서 하나로 압축할 수 없다. 한 예로 경제 지표의 발표 등이 원인이 되어 나라의 가치가 달라지는 일이 있다. **세계에서 가장 유명한 지표 발표는 매달 고용자 수와 실업률을 발표하는 미국의 '고용통계'다.** 고용자 수가 증가하고 실업률이 낮아지면 미국의 국가 가치가 높아진다. 그렇게 되면 달러를 사들이는 사람도 많아지고, 이것이 타국 통화에도 모두 관계되어 외환 장세가 큰 영향을 받는다.

달러와 엔의 관계에서는 달러가 비싸지면 엔의 가격은 상대적으로 낮아진다. 엔저가 되면 일반적으로는 일본 주식의 가격이 상승하는 경향이 있으므로, 미국의 고용통계는 일본의 주식시장에도 영향을 주는 것이다.

그 외에도 나라의 가치에 영향을 주는 것들이 있다. 그중 가장 큰 요인은 금과 원유의 선물거래다. 투자를 이야기할 때 이 두 가지를 빼놓을 수 없다.

원유에는 산유국과 소비국이 존재하고, 둘 사이에 매일 매매가 이루어진다.

원유 가격이 상승하면 산유국은 소비국에 높은 가격으로 원유를 판매하게 된다. 그 결과 산유국에 더 많은 돈이 흘러들어 경기가 좋아지고 소비국의 경기는 나빠진다.

즉 원유 가격의 상승은 산유국의 가치를 높이므로, 산유국 통화의 가격이 상승하는 한편 소비국 통화의 가격은 하락할 가능성이 커진다.

이렇게 외환 하나만을 봐도 그 가격 형성에는 다양한 요인이 있음을 알 수 있다.

중요한 것은 지금 전 세계의 투자자들이 어디로 향하고 있느냐다. 이제는 주식도 스마트폰 앱으로 살 수 있는 시대지만, 그 뒤에는 본 적도 없는 나라의 사람들이 깊이 관련되어 큰 영향을 주고 있다.

전 세계의 투자자들이 지금 주식시장에서 돈을 빼서 다른 시장에 투자하고 있을 때는 주가가 떨어지는 경향이 있다. 그럴 때 주식시장만 신경 쓴다면 안정되게 수익을 올리는 행동을 하고 있다고 볼 수 없으므로, 중장기적으로 보면 큰 손해를 볼 확률이 높아진다.

세계적으로 경기가 좋을 때는 기업 실적도 세계 수준으로 확대되는 경향이 있다. 투자자들이 주식시장에 자금을 투입하므로 전체 주가가 상승한다. 이 경향은 금리가 낮은 나라나 높은 나라나 마찬가지다.

그러나 외환시장은 단순히 경기가 좋다고 해서 자금이 투입되지 않는다. 투자자가 이점을 느끼지 못할 때 자금은 일본과 같이 저금리 국가에서 브라질과 같은 고금리 국가로 움직인다. 그렇게 되면 저금리 국가에서는 통화 가치가 내려가고 주가가 높아진다. 고금리 국가에서는 통화 가치가 올라가고 주가도 높아지는 경향이 있다.

금리가 높으면 융자가 어려워져서 기업 실적이 저하되고, 그 때문에 주가도 낮아지는 경향이 있다. 금리가 낮으면 기업들이 돈을 빌리기 쉬워지므로 기업 실적이 개선되고, 실적이 개선되는 기업들이 많아져서 경기도 좋아지고, 주가도 높아지는 경향이 있다.

투자자로서는 자신이 투자하고자 하는 금융 상품이 앞으로 오를지 내릴지가 아주 신경 쓰일 것이다. 그러나 주식이든 외환이든 그 시장의 동향만을 따로 떼어내서 이해하기는 어렵다. 주식과 외환은 서로 관련되어 있고, 금과 원유 시장도 관련되어 있다. 물론 시장뿐만이 아니라 경제 전체도 관련이 있으며, 경제에 영향을 주는 정치도 관련되어 있다. 전쟁이 일어났을 때 그 전쟁이 산유국과 관련되어 있다면 원유 가격에 매우 큰 영향을 주게 된다. 산유국이 아니더라도 가령 매수하고 싶은 종목의 기업이 전쟁 지역에 큰 공장을 가지고 있다면 당연히 그 기업의 실적이 악영향을 받으며, 주가도 하락할 수 있다. 외교와 지리에 관한 지식도 갖추는 것이 좋다.

어느 나라의 어느 시장만으로 승부를 보려고 해도, 그 시장의 가격 변동에는 전 세계의 수많은 사건이 관계되어 있으며, 또 전 세계 투자자들의 다양한 생각이 관계되어 있다.

'자국 통화 가치가 올라가니 주가가 내려갔다.'

이것은 주식에 주로 투자하는 사람의 말이다.

'주가가 내려가니 자국 통화 가치가 올라갔다.'

이것은 외환에 주로 투자하는 사람의 말이다.

한편으로 프로투자자 중에는 다양한 종목에 투자하는 사람들이 있다. 주식과 외환에 모두 투자하는 사람이라면 주가를 참고하며 외환을 매매하거나, 외환의 움직임을 보며 주식을 매매할 수 있다. 장세가 불안정할 때는 안전자산인 엔이나 금을 사들이는 투자자도 있다.

이렇게 하나의 시장에 얽매이지 않고 여러 종류의 거래를 하면 다양한 지식과 정보를 자연스럽게 습득하고, 이것들을 종합적으로 관련지으며 깊은 통찰을 얻을 수 있게 될 것이다.

이러한 지식은 투자자들에게만 필요한 것은 아니다. 그러나 투자자이기에 더욱 진지하게 정보를 수집하고 기억할 동기가 부여된다고 할 수 있다.

필자는 이제부터 모든 사람이 미래가 안심될 만큼의 자산을 형성하기 위해서, 또 다양한 지식을 쌓고 다가오는 시대에 당당하게 대응해 나갈 힘을 갖추기 위해서, 투자에 관심을 가지고 실제로 투자 활동을 시작하기를 진심으로 기원한다.

마치며

▶ 학교에서 가르쳐주지 않는 중요한 '투기' 이야기

'투기'라는 말이 있습니다. 투기는 투자와 비슷한 말이면서도 '투자는 좋은 것이지만 투기는 도박이므로 해서는 안 된다'라는 오해를 일으킵니다. 그러나 투기(投機)란 기회(機會), 즉 타이밍에 돈을 투자한다는 뜻입니다.

그리고 좋은 타이밍에 돈을 투자하는 일은 돈을 버는 데에 매우 중요하다고 생각합니다. 왜냐하면 운에 맡겨서는 좋은 타이밍을 발견할 수 없으며, 좋은 타이밍을 계속해서 발견하기 위해서는 경험과 노력이 필요하므로, 투자뿐만이 아니라 일을 할 때도 돈과 신뢰를 얻기 위해 상당한 자기 연마가 필요하기 때문입니다.

투기라고 하면 자신의 이득만을 목적으로 돈을 투자하는 것으로 여겨지기 때문에 많은 사람이 투기라는 말을 싫어할지 모릅니다. 그러나 스스로를 책임진다는 마음을 가지고 스스로 돈에 대한 규칙을 만들어 담담하게 수행하는 방식에는 규범적인 성질이 있다고 생각합니다.

투자든 투기든 그것을 성공시키고 또 그 성공을 지속하기 위해서는 국제적인 흐름, 정치의 흐름, 세상의 흐름을 스스로 배울 필요가 있습니다. 그것은 요즘 세상에서 정보에 휘둘려 길을 잃지 않도록 스스로 확실한 중심축, 확실한 사고방식을 가지는 일이기도 합니다. 그런 어려움을 극복하고 투자(투기, 트레이드)에서 안정되게 돈을 버는 사람들의 지속적인 노력을 생각해 보면, 존경할 가치가 있습니다.

지금까지는 연금 등 국가가 보장해 주는 돈을 받는 시스템이었지만, 앞으로는 한 사람 한 사람이 계속해서 돈을 버는 수단을 가지고 있어야 합니다.

비즈니스가 되었든 무엇이 되었든 돈을 계속 버는 구조를 만드는 일은 힘이 들고, 그것을 '보통 사람'이 실현하는 일은 쉽지 않습니다. 그러나 계속 노력하면 불가능한 일이 아니므로 모두가 도전해야 한다고 생각합니다.

이 책이 '스스로 실시하는 자산 운용'을 통해 인생의 경제적인 자립을 이루고자 하는 분들에게 참고가 되어, 다른 투자자들의 모범이 되는 품격 있는 투자자를 배출하는 데에 조금이나마 도움이 된다면 기쁠 것입니다.

다카하시 요시유키

주식투자 1년차 교과서

:스스로 투자해야 하는지 명확히 알자

1판 1쇄 발행 2021년 5월 18일

지은이 다카하시 요시유키(高橋 慶行)
옮긴이 이정미
발행인 최봉규

발행처 지상사(청홍)
등록번호 제2017-000075호
등록일자 2002. 8. 23.

주소 서울특별시 용산구 효창원로64길 6 일진빌딩 2층
우편번호 04317
전화번호 02)3453-6111, 팩시밀리 02)3452-1440
홈페이지 www.jisangsa.co.kr
이메일 jhj-9020@hanmail.net

한국어판 출판권 ⓒ 지상사(청홍), 2021
ISBN 978-89-6502-303-6 03320

주식의 차트 神신 100법칙

이시이 카츠토시 / 이정은

저자는 말한다. 이 책은 여러 책에 숟가락이나 얹으려고 쓴 책이 아니다. 사케다 신고가를 기본으로 실제 눈앞에 보이는 각 종목의 움직임과 조합을 바탕으로 언제 매매하여 이익을 얻을 것인지를 실시간 동향을 설명하며 매매전법을 통해 생각해 보고자 한다.

값 16,000원 국판(148×210) 236쪽
ISBN978-89-6502-299-2 2021/2 발행

주식의 神신 100법칙

이시이 카츠토시 / 오시연

당신은 주식 투자를 해서 좋은 성과가 나고 있는가? 서점에 가보면 '주식 투자로 1억을 벌었느니 2억을 벌었느니' 하는 책이 넘쳐나는데, 실상은 어떨까? 실력보다는 운이 좋아서 성공했으리라고 생각되는 책도 꽤 많다. 골프 경기에서 홀인원을 하고 주식 투자로 대박을 낸다.

값 15,500원 국판(148×210) 232쪽
ISBN978-89-6502-293-0 2020/9 발행

월급쟁이 초보 주식투자 1일 3분

하야시 료 / 고바야시 마사히로 / 노경아

무엇이든 시작하지 않으면 현실을 바꿀 수 없다는 것을 깨닫고 회사 업무를 충실히 수행하면서 주식을 공부해야겠다고 결심했다. 물론 주식에 대한 지식도 경험도 전혀 없어 밑바닥에서부터 시작해야 했지만, 주식 강의를 듣고 성과를 내는 학생들도 많았으므로 좋은 자극을 받았다.

값 12,700원 사륙판(128×188) 176쪽
ISBN978-89-6502-302-9 2021/4 발행

영업은 대본이 9할

가가타 히로유키 / 정지영

이 책에서 전달하는 것은 영업 교육의 전문가인 저자가 대본 영업 세미나에서 가르치고 있는 영업의 핵심. 즉 영업 대본을 작성하고 다듬는 지식이다. 대본이란 '구매 심리를 토대로 고객이 갖고 싶다고 "느끼는 마음"을 자연히 끌어내는 상담의 각본'을 말한다.

값 15,800원 국판(148×210) 237쪽
ISBN978-89-6502-295-4 2020/12 발행

영업의 神신 100법칙

하야카와 마사루 / 이지현

인생의 고난과 역경을 극복하기 위해서는 '강인함'이 반드시 필요하다. 내면에 숨겨진 '독기'와도 같은 '절대 흔들리지 않는 용맹스러운 강인함'이 있어야 비로소 질척거리지 않는 온화한 자태를 뽐낼 수 있고, '부처'와 같은 평온한 미소로 침착하게 행동하는 100법칙이다.

값 14,700원 국판(148×210) 232쪽
ISBN978-89-6502-287-9 2019/5 발행

리더의 神신 100법칙

하야카와 마사루 / 김진연

리더가 다른 우수한 팀을 맡게 되었다. 하지만 그 팀의 생산성은 틀림없이 떨어진다. 새로운 다른 문제로 고민에 휩싸일 것이 뻔하기 때문이다. 그런데 이번에는 팀 멤버를 탓하지 않고 자기 '능력이 부족해서'라며 언뜻 보기에 깨끗하게 인정하는 듯한 발언을 하는 리더도 있다.

값 15,000원 국판(148×210) 228쪽
ISBN978-89-6502-292-3 2020/8 발행

경매 교과서

설마 안정일

저자가 기초반 강의할 때 사용하는 피피티 자료랑 제본해서 나눠준 교재를 정리해서 정식 책으로 출간하게 됐다. A4 용지에 제본해서 나눠준 교재를 정식 책으로 출간해 보니 감회가 새롭다. 지난 16년간 경매를 하면서 또는 교육을 하면서 여러분에게 꼭 하고 싶었던…

값 17,000원 사륙배판(188×257) 203쪽
ISBN978-89-6502-300-5 2021/3 발행

생생 경매 성공기 2.0

안정일(설마) 김민주

이런 속담이 있죠? '12가지 재주 가진 놈이 저녁거리 간 데 없다.' 그런데 이런 속담도 있더라고요. '토끼도 세 굴을 판다.' 저는 처음부터 경매로 시작했지만, 그렇다고 지금껏 경매만 고집하지는 않습니다. 경매로 시작했다가 급매물도 잡고, 수요 예측을 해서 차액도 남기고…

값 19,500원 신국판(153×224) 404쪽
ISBN978-89-6502-291-6 2020/3 발행

설마와 함께 경매에 빠진 사람들

안정일 김민주

경기의 호황이나 불황에 상관없이 경매는 현재 시장의 시세를 반영해서 입찰가와 매매가가 결정된다. 시장이 나쁘면 그만큼 낙찰 가격도 낮아지고, 매매가도 낮아진다. 결국 경매를 통해 수익을 얻는다는 이치는 똑같아 진다. 그래서 경매를 잘하기 위해서는…

값 16,800원 신국판(153×224) 272쪽
ISBN978-89-6502-183-4 2014/10 발행

부동산 투자術술

진우

자본주의 시스템이 의해 자산과 물가는 계속 오르고 있지만 상대적으로 소득은 매년 줄어들어 부익부 빈익빈 상태가 전 세계적으로 더욱 심화되고 있기 때문이다. 물론 돈과 물질적 풍요가 우리 삶의 전부가 아니며, 그것만으로 인간의 진정한 행복과 만족감…

값 16,500원 신국판(153×225) 273쪽
ISBN978-89-6502-298-5 2021/2 발행

아직도 땅이다 :역세권 땅 투자

동은주 정원표

부동산에 투자하기 전에 먼저 생각하고 또 짚어야 할 것들을 살피고, 이어서 개발계획을 보는 눈과 읽는 안목을 기르는 방법이다. 이어서 국토와 도시계획 등 관련 개발계획의 흐름에 대한 이해와 함께, 부동산 가치 투자의 핵심이라 할 수 있는 역세권 개발 사업에 대한 설명이다.

값 17,500원 신국판(153×224) 320쪽
ISBN978-89-6502-283-1 2018/6 발행

통계학 超초 입문

다카하시 요이치 / 오시연

젊은 세대가 앞으로 '무엇을 배워야 하느냐'고 묻는다면 저자는 다음 3가지를 꼽았다. 바로 어학과 회계학, 수학이다. 특히 요즘은 수학 중에서도 '통계학'이 주목받는 추세다. 인터넷 활용이 당연시된 이 시대에 방대한 자료를 수집하기란 식은 죽 먹기이지만…

값 13,700원 국판(148×210) 184쪽
ISBN978-89-6502-289-3 2020/1 발행

세상에서 가장 쉬운 통계학 입문

고지마 히로유키 / 박주영

이 책은 복잡한 공식과 기호는 하나도 사용하지 않고 사칙연산과 제곱, 루트 등 중학교 기초수학만으로 통계학의 기초를 확실히 잡아준다. 마케팅을 위한 데이터 분석, 금융상품의 리스크와 수익률 분석, 주식과 환율의 변동률 분석 등 쏟아지는 데이터…

값 12,800원 신국판(153×224) 240쪽
ISBN978-89-90994-00-4 2009/12 발행

세상에서 가장 쉬운 베이즈통계학 입문

고지마 히로유키 / 장은정

베이즈통계는 인터넷의 보급과 맞물려 비즈니스에 활용되고 있다. 인터넷에서는 고객의 구매 행동이나 검색 행동 이력이 자동으로 수집되는데, 그로부터 고객의 '타입'을 추정하려면 전통적인 통계학보다 베이즈통계를 활용하는 편이 압도적으로 뛰어나기 때문이다.

값 15,500원 신국판(153×224) 300쪽
ISBN978-89-6502-271-8 2017/4 발행

만화로 아주 쉽게 배우는 통계학

고지마 히로유키 / 오시연

비즈니스에서 통계학은 필수 항목으로 자리 잡았다. 그 배경에는 시장 동향을 과학적으로 판단하기 위해 비즈니스에 마케팅 기법을 도입한 미국 기업들이 많다. 마케팅은 소비자의 선호를 파악하는 것이 가장 중요하다. 마케터는 통계학을 이용하여 시장조사 한다.

값 15,000원 국판(148×210) 256쪽
ISBN978-89-6502-281-7 2018/2 발행

대입-편입 논술 합격 답안 작성 핵심 요령 150

김태희

시험에서 합격하는 비결은 생각 밖으로 단순하다. 못난이들의 경합에서 이기려면, 시험의 본질을 잘 알고서 그것에 맞게 올곧게 공부하는 것이다. 그러려면 평가자인 대학의 말을 귀담아들을 필요가 있다. 대학이 정부의 압력에도 불구하고 논술 시험을 고수하는 이유는….

값 22,000원 신국판(153×225) 360쪽
ISBN978-89-6502-301-2 2021/2 발행

대입-편입 논술에 꼭 나오는 핵심 개념어 110

김태희

논술시험을 뚫고 그토록 바라는 대학에 들어가기 위해서는 논술 합격의 첫 번째 관문이자 핵심 해결 과제의 하나인 올바른 '개념화'의 능력이 필요하다. 이를 위해서는 관련한 최소한의 배경지식을 습득해야 하는데, 이는 거창한 그 무엇이 아니다. 논술시험에 임했을 때…

값 27,000원 신국판(153×225) 512쪽
ISBN978-89-6502-296-1 2020/12 발행

독학 편입논술

김태희

이 책은 철저히 편입논술에 포커스를 맞췄다. 편입논술 합격을 위해 필요한 많은 것들을 꾹꾹 눌러 채워 넣었다. 전체 8장의 단원으로 구성되었지만, 굳이 순서대로 공부할 필요는 없다. 각 단원을 따로 공부하는데 불편함이 없도록, 겹겹이 그리고 자세히 설명했다.

값 45,500원 사륙배판(188×257) 528쪽
ISBN978-89-6502-282-4 2018/5 발행

공복 최고의 약

아오키 아츠시 / 이주관 이진원

저자는 생활습관병 환자의 치료를 통해 얻은 경험과 지식을 바탕으로 다음과 같은 고민을 하게 되었다. "어떤 식사를 해야 가장 무리 없이, 스트레스를 받지 않으며 질병을 멀리할 수 있을까?" 그 결과, 도달한 답이 '공복'의 힘을 활용하는 방법이었다.

값 14,800원 국판(148×210) 208쪽
ISBN978-89-90116-00-0 2019/11 발행

영양제 처방을 말하다

미야자와 겐지 / 김민정

인간은 종속영양생물이며, 영양이 없이는 살아갈 수 없다. 그렇기 때문에 영양소가 과부족인 원인을 밝혀내다 보면 어느 곳의 대사회로가 멈춰 있는지 찾아낼 수 있다. 영양소에 대한 정보를 충분히 활용하여 멈춰 있는 회로를 다각도에서 접근하여 개선하는 것에 있다.

값 14,000원 국판(148×210) 208쪽
ISBN978-89-90116-05-5 2020/2 발행

하이브리드의학

오카베 테츠로(岡部哲郎) / 권승원

이 책은 "서양의학의 한계"를 테마로 서양의학이 가지고 있는 약점과 문제점, 동양의학이 아니면 할 수 없는 점을 중심으로 질병을 완치할 수 있는 방법이라면, 무엇이든 찾아 받아 들여야만 한다고 생각한다. 의학을 동서로 나누어 보는 시대는 끝났다. 말 그대로, 콤비네이션, 하이브리드.

값 14,000원 사륙판(128×118) 194쪽
ISBN979-11-91136-02-9 2021/1 발행

60대와 70대 마음과 몸을 가다듬는 법

와다 히데키(和田秀樹) / 김소영

옛날과 달리 70대의 대부분은 아직 인지 기능이 정상이며 걷는 데 문제도 없다. 바꿔 말하면 자립한 생활을 보낼 수 있는 마지막 무대라고도 할 수 있다. 따라서 자신을 똑바로 마주보고 가족과의 관계를 포함하여 80세 이후의 무대를 어떤 식으로 설계할 것인지 생각해야 하는 때다.

값 15,000원 국판(148×210) 251쪽
ISBN979-11-91136-03-6 2021/4 발행

한의학 교실

네모토 유키오 / 장은정 이주관

한의학의 기본 개념에는 기와 음양론 오행설이 있다. 기라는 말은 기운 기력 끈기 등과 같이 인간의 마음 상태나 건강 상태를 나타내는 여러 가지 말에 사용되고 있다. 행동에도 기가 관련되어 있다. 무언가를 하려면 일단 하고 싶은 기분이 들어야한다.

값 16,500원 신국판(153×224) 256쪽
ISBN978-89-90116-95-6 2019/9 발행

외로움은 통증이다

오광조

몇 해 전 영국에서 외로움 담당 장관을 임명할 정도로 외로움은 이제 국가 차원의 문제가 되었다. 이 책은 여러분처럼 외로운 시대를 사는 누군가의 외로움과 고독에 대해 생각하고 정리한 내용이다. 부디 여러분의 고민에 조금이라도 도움이 되기를 바란다.

값 15,700원 신국판(153×225) 245쪽
ISBN978-89-6502-297-8 2021/1 발행